なぜ、あの人が話すと意見が通るのか

木山泰嗣

青春新書
INTELLIGENCE

はじめに——仕事は「交渉」が9割

同僚たちとの打ち合わせ、他部署の人間との会議、上司や役員を前にしたプレゼン、取引先との価格調整やスケジュールのすり合わせ……など、よくよく考えてみると、普段の仕事のうちの大半——中でも成果に直結するような大事な仕事ほど——自分以外の誰かとの「コミュニケーション」が占めているのではないでしょうか。また、そうした場に限らず、上司への頼みごとや部下への注意なども仕事の一つですが、それだって相手がいる以上、立派なコミュニケーションといえます。

では、こういった仕事の場でのコミュニケーションに共通するものとは何でしょうか？端的にその本質を示すとすれば、次のように表せるかと思います。

「自分以外の誰か」から、「自分の思惑《おもわく》に沿った行動」を引き出す行為

少し、冷たい印象に見えるかもしれませんが、仕事上のコミュニケーションの多くはこの定義に沿うはずです。コミュニケーションというより「交渉」と言ったほうが近いかもしれないですね。

しかし、「自分の思惑に沿った行動を引き出す」ことほど難しいことはありません。なにしろ、自分の努力がそのまま形になって表れる資料作成やメール術と違って、対象は自分以外の誰か。彼らだって、同じ場でコミュニケーションをしている以上、あなたから「自分の思惑に沿った行動を引き出す」ことを目論《もくろ》んでいるはずですから、そう簡単に進むことはありません。そのため、ほとんどの人は、仕事の場の「交渉」に、多かれ少なかれ苦手意識を持っているのではないでしょうか？

しかし、あなたの仕事場や取引先の中で、1人くらいは、あの人が話したときだけすんなり言い分が通っている、そんな人がいるのではないでしょうか？　似たような内容を伝えているはずなのに、なぜかあの人が話したときだけ周りの反応が違う。やっかいな上司も彼の意見には耳を傾け、屁理屈の多い部下も彼の言い分ならすんなり受け入れる。

そんな人を見て、「あの人は本当に口がうまいから」「あいつは頭の回転がほかとは違うから」など、その人の生まれ持った才能のおかげだと見る人がいるかもしれません。しかし、それは誤りです。彼らは、特別な才能を持っているわけではなく、ある、ちょっとした〝ツボ〟を押さえているだけなのです。

たとえば、口が上手な新人の部下が「手書きの日報は古いから、スマホで作成できるようにしてほしい」と提案してきたとき、あなたならどうしますか？

彼らデジタルネイティブの若い人にも理屈はあるのでしょうが、現場に即してはいないものだったり、はたまた上司世代は聞いたこともないようなサービスだったりして、そのまま提案を受け入れるのは難しいかもしれません。

しかし、そのとき、「業務の効率化につながる」、「先進企業はみんなそうしている」など否定しようのない一般論や都合のいい例を持ち出されれば、間違ってはいないために、断り方も難しいです。下手に対応を誤ると、部下のモチベーションを下げてしまい、後々のチーム作業にも支障をきたすかもしれません。

押しの強い人であれば「会社の決まりだから無理だ！」と一蹴《いっしゅう》できるでしょうが、真面目で優しい人ほど、チームの雰囲気を考えて、どうにかして部下の機嫌を損ねずに、提案を却下する術《すべ》を探すべく頭を働かせるはずです。

しかし、この場合は、そもそも却下する必要なんてないのです。

「前向きに検討したいから、うちに合った導入方法や上を説得するための事例を集めておいてくれ」とだけ部下に伝えればいいのです。

こうするだけで、こちらとしては無茶な提案を退けられ、余計な業務も増えずにすむ一方、提案自体には前向きな返事をしているので、部下からすれば「理解のある上司」に見えるはずです。さらに、部下からの報告の内容を見れば、やる気や優秀さを測る指標にもなりますし、それがしっかりしたものであれば、上に報告したとき、部下だけでなく、あなたの評価も上がるはずです。

このケースでは、相手の言い分を聞き、自分の意見をしっかり通しつつも、誰も嫌な思いはしていません。これが、コミュニケーション＝交渉の〝ツボ〟であり、それを知っておくことのメリットなのです。

わたしは弁護士業を生業としていますが、その本分は、先ほど定義したコミュニケーションであると考えています。なぜなら、裁判官から無罪判決を勝ち取るための弁論も、相手側から譲歩を引き出すための交渉も、自分が望む行動を引き出そうとする行為にほかならないからです。

本書は、そんな「コミュニケーション」を専業とするわたしが、数々の交渉の現場で発見し、かつわたし自身も実践する、**〝コミュニケーションのツボ〟**をまとめたものです。

流れを簡単に説明すると、まず1～3章では、自分の言い分を通す以前に相手の意見をのまされてはどうしようもないので、「言いくるめられるパターン」を5つに分け、その対処法を示しています。続く4章では、自分の意見を正しく説得力を持たせて示すための「伝え方」を、5章では会議や打ち合わせなどコミュニケーションの場に臨む際の準備をステップ形式で紹介しています。そして最後の6章では、これらのテクニックやポイントを駆使してもカバーできない恐れのある不測の事態に対応するコツを伝授しています。

先ほど、コミュニケーションは努力がそのまま反映されるものではないと言いましたが、正しい手順を踏めばそんなことはありません。自分の努力が反映されないのは、相手をきちんと理解しておらず、そもそもの働きかけ方、つまり努力の方向が間違っているから。この本は、そうした誤った方向に進まないための指針になるものですので、ぜひ日々のビジネスシーンで存分に活用していただければと思います。

なぜ、あの人が話すと意見が通るのか　目次

第1章　なぜ、「自分」の意見は言いくるめられてしまうのか？

第2章　いつも言いくるめられる人の「5つのパターン」

第3章 こうすれば「意見を通せる人」へと一転する
実例会話で一目瞭然!

第4章 思わず相手も首をタテにふる！ 自分の意見の「正しい伝え方」

第6章　「瀬戸際」に強くなる交渉術

とっさの反論にも対応できる！

本文DTP／センターメディア
編集協力／坂爪一郎

第１章

なぜ、「自分」の意見は言いくるめられてしまうのか？

上司にも部下にも、なぜか言いくるめられてしまう

あるメーカーに勤める田中さんは、社にいくつかある営業チームの1つを取りまとめる課長です。この役職について2年目。課長としての仕事にはだいぶ慣れてきましたが、まだまだ覚えなければならないことは多く、バリバリ仕事に取り組む毎日を過ごしています。

そんな田中さんに、直属の部長が声をかけてきました。

部長　「田中君、最近うちも不況でなかなか厳しいけど、きみはよくやっていると感心しているんだ」

田中　「あ、ありがとうございます」

部長　「まだまだ若いんだから、とにかくいろいろなことを経験して勉強したほうがいい」

田中　「はい、もっと経験値を上げて、レベルアップしていきたいと思います」

部長「そうだ。わたしもきみの先輩たちも、今のきみくらいのころは休みなしに働いて、
仕事に打ち込んだものだ。その経験が、今とても役に立っている」

田中「わたしも見習って一生懸命働きます」

部長「その意気だ。そこでといってはなんだけど、今度、営業部全体で、意見交換を行う会議を定例化しようと考えているんだが、この会の取り仕切りをきみにまかせたいと思ってるんだ。ほかのチームとのスケジュール調整や当日の司会なんかで大変だとは思うけど、ほかの課にも顔が利くようになるし、何より大勢の人間を会議の場でまとめあげるのは経験になる。きみのスキルアップにつながることは間違いない。やってくれるか？」

田中「は、はい」

部長「じゃあ、頼んだよ。とりあえず、来週の火曜に一度進捗を報告してくれるかな。

しっかりやってくれよ」


田中さんは、これからやらなければいけない作業量を考えると、気が遠くなる思いでした。毎日残業どころか、土日出勤しても追いつかないかもしれません。

部長は決して悪い人ではありません。パワハラをすることもなく、部下の話も親身になって聞いてくれます。いいか悪いかと問われれば、「いい上司」と答えるでしょう。でも、だから困るんだよな、と田中さんは思います。部長はしゃべりが上手で、いつもうまく乗せられて、通常業務以外の仕事——しかも、かなりハードな内容の仕事——までやらされるんだよな。確かに自分のためになるんだろうけど、こう毎日残業続きで、土日出勤も多いと正直身体がもたないよ。何かいい断り方はないかな。このままだと、どこかでパンクしそうだ。

上司にうまいこと言いくるめられて、仕事を押しつけられた田中さん。似たような体験をした方も大勢いるのではないでしょうか。強権的に上から命じるパワハラまがいの上司よりはましですが、それでも業務以外の仕事が増えることには変わりありません。

田中さんに限らず、よく他人に言いくるめられてしまう人は、少なからず存在します。たとえば、取引先との交渉の場で、「いやあ、景気が悪くて」といわれ、取引単価の値下げをのまされてしまったり、部下に注意しようとしたら、ああでもないこうでもないと屁理屈を並べられ、結局うやむやになってしまったり……と歯がゆい思いをしている方もいることでしょう。

そんな場面が続くと、自分はなんて口べたなんだ、どうして相手に言いたいことが言えないのか、と自己嫌悪に陥ってしまいます。

よく言いくるめられてしまうタイプの人は、基本的に真面目で、相手の気持ちを慮《おもんぱか》る優しい性格の人が多いといえます。相手の気分を害したくないから、あるいは相手の期待にできるだけ応えてあげたい。そう思うあまり、相手を否定したり、拒否する言葉を使うことにためらいを感じてしまうのです。

いわゆる「いい人」と呼ばれるタイプです。友人にするなら、これほど楽しいことはありません。しかし、交渉ごとになるとそれが裏目に出てしまう。相手の気持ちを尊重するあまり、こちらの主張を強く出すことができず、言いくるめられてしまいます。

反論しようにも、それは「立場」が許してくれない

世の中には、たくさんの「交渉術」の本が出回っています。交渉で絶対に負けない、論破する技術、相手を説得する話術……等々。よく言いくるめられてしまう人の中には、そうした本を手に入れて、交渉や自己主張のスキルを磨こうとする人もいることでしょう。

しかし、そこで学んだスキルやテクニックを実際の場で使うときには、ちょっと注意が必要です。**会話というものは、スキルやテクニック以上に、相手との関係性や立場が強く反映されるもの**だからです。

たとえば、相手がショップの店員やセールスマンであれば、相手に対して強く出ることはそれほど難しいことではありません。納得がいかなければ、反論し、理不尽な要求に対しては断固として拒絶することも可能です。たとえ、そこで口論になって気まずい雰囲気になったとしても、もう二度と会わなければいいだけの話ですから、覚悟を決めさえすれ

ば言いたいことを主張することができます。

しかし、現実問題として、あなたを言いくるめようとしてくる相手は、そのような一過性の関係ではない場合がほとんどでしょう。

会社関係でいえば、上司、同僚、部下、そして取引先の担当者など。プライベートなら、パートナーや恋人、友人など。いずれも、浅からぬ人間関係を築いている人たちばかりです。そのような人たちに真っ向から反論して自己主張を展開し、たとえ言い負かしたとしても、それまで築いてきた人間関係を壊してしまうことになりかねません。

いや、そもそも自分の置かれた立場から、表だった反論や自己主張が認められないケースも多々あります。たとえば、相手が会社の上司であるなら、多少無理なことを求められたり、おかしいと思える指示を受けたとしても、議論をふっかけてその非合理性を論破するのは、現実的ではありません。

きわめて理不尽な要求をされたというなら話は別ですが、日常業務の中のやり取りにおいて、上司の言うことに反論すれば、上司との関係は気まずいものになるでしょう。気まずいどころか、場合によっては対立関係に発展して社内での立場が悪くなってしまうことも考えられます。

取引先も同様です。取引先との関係は、そもそも会社同士のつきあいで、あなたは会社を代表して取引先の担当者と交渉をするわけですから、そこで相手が有利な条件獲得のために言いくるめようとしても、相手を非難するような反論を展開することは、まずできません。友好関係を維持するという条件の中で、交渉するしかないのです。

また、あなたが上司の立場であるなら、パワーハラスメントやモラルハラスメントといった問題にも気を配らなければなりません。若い人の中にはそうした問題を盾にとり、ちょっと手間のかかる指示を出すと、「パワハラじゃないのか」と騒ぎ出す人もいるかもしれません。昔のように、上下関係や経験年数によって有無《うむ》をいわさず言うことをきかせる、という手法が通用しにくくなっていることも、確かです。

もちろん、プライベートにおいても、同じことがいえます。パートナーや恋人、友人が、自分が有利になるように言いくるめようとしているなとわかっても、真っ向から反論して言い争いになれば、関係をこじらせてしまいかねません。

こうして見てみるとわかるように、反論しようにも立場が許してくれないという場面がたくさんあるのです。いや、日常生活における会話の中では、ほとんどがそうだと言ってても過言ではありません。真面目で優しいから言い返せないというばかりでなく、そもそも言い返したり、反論したりできない状況の中で、さまざまな交渉ごとをしていかなければならない場面ばかりだということです。

だからこそ、ストレスがたまってしまいます。相手がこちらを言いくるめようとしているのがわかっているのに、それに対して有効な手を打つことができない。相手を論破して打ち負かすこともできない。すっきりしないなと思いながらも、仕方なく相手の要求をのまざるをえない。そんな葛藤を心に抱えている人が多いのではないでしょうか。

口が上手な反論好きは交渉に強いのか？

いつも人に言いくるめられている人は、自分が口下手であることを嘆《なげ》いているでしょう。どうしてうまく切り返せないのか、なぜもっと上手に話を展開することができないのか。そう思ってしまうと、ますます口が重くなり、相手の要求に対して何も言えなくなってしまいます。そして、おかしいな、嫌だなと思いながら、相手の言う通りに行動することになるのです。

そのため、口下手な人は、口が上手な反論好きの人に憧《あこが》れます。どんなにうまく言いくるめようとしても、小さな矛盾点をピシャリと指摘し、合理的でないと疑問を投げかける。返す刀《かたな》で相手の急所を攻め、完膚《かんぷ》なきまでに叩《たた》きのめす。これができるには、相当に切れる頭と高度な会話のテクニックを持っていなければなりません。

これがテレビドラマやマンガの世界なら、理不尽な要求を繰り返すパワハラ上司をギャフンと言わせたということで、周りの同僚から拍手喝采《かっさい》を受け、陰から見守っていた理解ある上司は「あいつ、なかなかやるな」と認めてくれるでしょう。

しかし、現実社会において、上司をやりこめる口が上手な人が高い評価を受けることはまずありえません。組織のルールを壊す異端児と見なされ、閑職《かんしょく》に回されるか、リストラの対象になるのがオチでしょう。

これまでお話ししてきたように、実際の交渉ごとは必ずしも勝ち負けがつくものではありません。多くの場合、互いの関係性を損なわないよう注意を払いながら、妥協できるところは妥協して、こちらが妥協したのだからこの部分は譲歩してほしいというように痛み分けで終わることがほとんどです。

取引先との交渉で、言いくるめようとする相手に喧嘩腰で議論を挑んでも、いい結果が得られることはないでしょう。むしろ相手の態度を頑《かたく》なにさせ、取引先との関係を悪化させてしまう危険があります。

社内をよく思い浮かべてみてください。交渉が上手いと言われている人は、本当に口が上手な反論好きの人間でしょうか。わたしの経験でいえば、交渉に強いのは切れ者のように見える人間より、人当たりが良くおだやかな印象の人のほうが多いです。

とりとめのない雑談で場を和《なご》ませながら、相手の要求ののめるところはのみ、ギブアンドテイクでこちらの要求もお願いする。どうしても、それを相手が受け入れられないときは、「じゃあ、次回はお願いしますよ」と、さらりと貸しをつくる。どんなときでも話をまとめて、お互いにＷｉｎ－Ｗｉｎに近い状況を演出する。そういう人こそが、交渉に強い人なのです。

そして、そんな交渉に強い人は、必ずしも口が上手で立て板に水のごとくしゃべる人ではありません。おそらく、相手を威圧するような切れは、かえって交渉にはマイナスになるということを知っているのでしょう。**相手を言い負かすことは、自分の利益につながらず、優位をもたらさない**ことをわかっているのです。

「言いくるめるパターン」を理解することがカギ

では、交渉に強い人は、口下手とどこが違うのでしょうか？

それは「言いくるめるパターン」を知っているかどうかなのです。

改めて、「言いくるめる」とはどういうことか、考えてみましょう。言いくるめるとは、言葉巧みに自分に有利な条件をのませる、あるいはこちらの思い通りの行動をとらせるということです。

逆に言いくるめられてしまう人から見ると、うまいこと話を持って行かれ、反論するきっかけも見いだせぬまま相手の要求を受け入れざるをえなくなっている、あるいは「それはちょっとおかしいな」「本当はやるの嫌だな」と思いながら、相手に従うしかない状況をつくられるということでしょう。

こうした状況をつくるには、いくつかのパターンがあります。相手を言いくるめるときに多用されるパターンです。相手を言いくるめようとするときには、意識しているしていないにかかわらず、誰しもこのパターンの1つ、あるいは複合形を使っています。

交渉に強い人は、この言いくるめるパターンをよく理解しています。どのように使われ、どんな効果をもたらし、どこへ導こうとしているのか。そして、それに対抗するにはどんな手を使えばいいのかを知っているのです。だからこそ、巧《たく》みな誘導にひっかかることなく、逆に言いくるめるパターンを応用して、相手から譲歩を引き出すことができます。

本書では、言いくるめる人のパターンを5つに集約してご紹介しています。相手を言いくるめようとする人は、だいたいこの5つのパターンのどれかを使っています。

ということは、簡単に言いくるめられないようにするには、まずこの5つのパターンを知ることが最も重要になります。5つのパターンを知っていれば、相手が何か要求してきたときに、「あ、このパターンで攻めてきたぞ」とわかります。相手の攻め方がわかれば、心に余裕を持って対処することができます。対応する方法もこれからご紹介しています。パターンにあった対応をすれば、これまでのように不覚にも言いくるめられた、ということはなくなるでしょう。

口が上手な人や切れ者にならなくても、言いくるめるパターンさえ知っていれば、簡単に言いくるめられてしまう「都合のいい人」から脱却できるということです。**口下手で都合のいい人と、交渉に強い人の違いは、言いくるめられるパターンを知っているかどうかにある**といっても、過言ではありません。

交渉における「本当の成功」とは？

ここでもう一度確認しておきます。

交渉や会話は、白黒をはっきりつける、勝ち負けとは違います。重要な交渉では有利な条件をのませれば「勝った」と思われますが、往々にしてその裏側では何らかの譲歩がなされていて、10割の勝ちというよりも、「勝ち7、負け3」というように、互いの歩み寄りがあるものです。

会話でも、相手を言い負かすことが、必ずしも優位をもたらすものではないということをお話ししてきました。言いくるめられないようになるのは、相手に勝つことではないのです。

すぐに言いくるめられてしまう口下手から脱却できさえすれば、次の2つの成果を得られるはずです。

１つは、もちろん**自分に優位な結論を引き出すこと**です。

取引先との打ち合わせの席で、こんなことを言われた経験はありませんか？　次の会話を担当者の立場になって読んでみてください。

取引先「なかなか景気が上向かなくて、苦しい状況が続いています」
担当者「わかります。弊社も同様です」
取引先「そこで心苦しいのですが、申し上げにくいことをお伝えしなければなりません」
担当者「どういうことですか？」
取引先「納品価格の件です。実は経費が高騰しておりまして、御社とは長いお取引ということでギリギリのところでやってきましたが、少し見直させていただければと」
担当者「この経済状況ですから、苦しいことは承知しています。ところで、御社の業界は海外からも引き合いがきて、輸出が好調だと聞きましたが」
取引先「ええ、まあ……。そこそこ伸びてきていますね」
担当者「それでは円安メリットもありますから、一息つかれたんじゃありませんか？」

取引先「それはそうなんですけど……」

担当者「御社が特別価格で納入していただいていることは理解しております。そのご配慮には大変感謝しております。しかし、弊社としても納品価格が上がると、利益を維持できません。今回はご一考いただけませんか」

取引先「はあ、もう一度社内で検討させてください」

これは**「一般論にする」**というパターンが用いられた会話です。「景気が悪い」というのは日本経済全体に通じることで、これには異論をはさむ余地はありません。そこから取引先は「だから値上げをしたい」と持ち出してきました。そこでこちら側は、全体としての一般論から、業界、そして個別の企業という個別論に論点を落とし込んで、言いくるめるパターンのほころびを突きました。もちろん取引相手に関する情報を持っているということも大切ですが、それによって先方の値上げ要求を再考させることができました。

値上げしたいという要求に「待った」をかけたわけですから、これはまさに自分に優位な結論を導いたと言えます。

しかし、実際の交渉では、このように単純に話がつくとは限りません。取引相手が輸出産業ではなく、輸入産業だとしたら円安はデメリットとしてコストを押し上げ、経営を圧迫していることでしょう。そういう状況であれば、相手も値上げは譲れないところで、強硬に主張してくるかもしれません。

その結果、相手の値上げ要求をのまざるをえない状況になったとしましょう。しかし、「景気が悪い」という一般論から値上げをのむのと、取引先の詳細な情報を引き出し、確かにやむをえない事情があるとわかったうえで値上げをのむのとでは、同じ値上げをのむにしても納得感がまったく違います。

相手の要求を受け入れるときに、**どれだけ納得感を持つことができるか。**これが第２のポイントです。

交渉ですから、自分の要求をのんでもらうこともあれば、相手の要求をのまざるをえない場合もあるでしょう。そのときにただ相手のいいなりになるのではなく、「言いくるめられるパターン」を理解して、それに対する対応をきちんとしたうえで、「それならば仕方がない」と納得できるか。そのうえで受け入れる。これは、とても重要です。そこまで納得することができれば、「言いくるめられた」とは思わないからです。

会社や上司とのやりとりでは、まず会社のやり方や上司の指示を覆《くつがえ》すことはできません。

ある意味、結果は初めから決まっているとも言えます。しかし、結果は決まっているからと簡単に言いくるめられるのと、言いくるめるパターンに対処して少しでも納得感をもって指示に従うのとでは、心の持ち方がまったく違うでしょう。また、その過程で将来押し返していく糸口が見つかることもあります。前者は「なんだよ、やってられないよ」と思いますが、後者は「そういうことなら仕方がない。勉強の機会にしよう」と前向きに取り組み、次につなげることができるのです。

この第2のポイントこそ、言いくるめるパターンを知ることの最も大きな効用なのです。**実社会では、力関係や立場によって物事が決まることがたくさんあります。**多くの人は理不尽な要求、ものわかりの悪い上司のわがままと捉えてストレスをためていきます。しかし、言いくるめるパターンを知り、それに対処する方策を実践すれば、その要求や指示が出てきた背景を知ることができたり、根本的な問題点を知るヒントを得ることができたりします。そうすれば、全てに承服することはできないとしても、ある程度は納得をして、交渉や仕事に臨むことができます。それは仕事に対するモチベーションにも効率にも、さらには能力アップの機会にも、大きく影響してくるはずです。

交渉に強い人も、最初は言いくるめられるところから始まった

わたしの職業は弁護士です。弁護士に対する世間のイメージは、口が上手で、何を言われてもうまく切り返し、たくみな弁論で人を納得させる、といったところでしょうか。

確かに、そういう人もいることにはいます。刑事裁判などに強い弁護士の中には、口から生まれてきたのではないかと思うぐらい、話の上手な人もいます。しかし、それは弁護士のほんの一部でしかありません。

多くの方々はテレビや映画の影響で、裁判というと犯罪絡みの刑事裁判で検察側と弁護人側が激しいやりとりをするシーンを思い浮かべると思いますが、民事裁判や国を相手にした訴訟は、書面主義といってあらかじめ書面で主張を用意し、やりとりするので、あまり話をする機会はありません。そのため、しゃべるのが上手ではない弁護士も、けっこういます。そういう人でも、弁護士の仕事はできるのです。

かくいうわたしはどうなのか。正直に告白すると、今でこそ何冊も本を出し、講演する機会も多くなりましたが、かつては人前で話すのが大の苦手でした。

特に学生時代は、自己紹介をするのが苦痛でした。何を話していいかわからず、あたまが真っ白になることばかりでした。そんなわたしが弁護士になったので、このままではまずいかもしれない、という思いもありました。

そこで、話し方や会話術の本を読んだり、数ヶ月ですがビジネスマナーのスクールに通ったりして、話し方を少しずつ勉強しました。今では「話がわかりやすい、あきさせない」と言われるようになり、裁判にも強くなりました。1つ、人前で話をする恐怖をぬぐい去り、会話のスキルを上げるコツをお話しすると、**本などから学んだ会話のテクニックを「今日はこれを実際に使ってみよう」と、人と話す機会に実践してみるのです。**

本で読み、知識として頭に入れただけでは不十分です。人前でそれを使ってみることによって、初めて自分のものにすることができます。学んだテクニックを実践すると決めれば、人と話すあらゆる機会はトレーニングの場となります。トレーニングの場なら失敗はつきもの。うまく話さなければいけないという緊張や、いいことを言わなければいけないというプレッシャーを、必要以上に感じないですみます。

そして、実際にテクニックを使ってみて、本に書かれている通りの反応を相手が見せてくれると、「ああ、本当にこれは有効なんだ」と実感することができます。その実感が自信となって蓄積されていくのです。そして、いつしか人前で話すことが苦にならない自分になっていることに気づくでしょう。

自分が口下手で、すぐに他人に言いくるめられてしまうと思っている人は、口が上手で話がうまい人は生まれ持った才能だと思いがちです。でも、そんなことはありません。わたしは、とびきり話し上手な人を何人か知っていますが、その人たちが人の目に付かないところで話す練習を繰り返していることも知っています。

考えてみてください。漫才師はアドリブだけで観客を沸《わ》かせているのでしょうか。きっと本番前に、何十時間も練習しているはずです。そして、舞台で演じてみて客の反応を見ながら、間の取り方やセリフに修正を加え、長い時間をかけて鉄板ネタに磨きをかけているのだと思います。

話し方を学ばずに「自分は口下手だから、すぐに言いくるめられてしまう」というのは、泳ぎ方を学ばずに「泳ぎは苦手」というのと同じです。どんなことでも、上手な人は、必ず練習を積み、訓練してきているのです。

いまは、口下手で人と話すのが苦手でも、気にする必要はありません。苦手なら練習すればいいのです。わたしでも話せるようになったのですから、あなたもきっとできるはずです。その第一歩として、まずは「言いくるめるパターン」を知ることからはじめしょう。

第2章

いつも
言いくるめられる人の
「５つのパターン」

「5つのパターン」に陥っていませんか？

いつも相手の言い分ばかりのまされてしまう。そんな自分にイライラする。ストレスがたまりますよね。わたしもそういうタイプだったので、気持ちがよくわかります。

なんとか、ひとことでも反論したい。そう思っていることでしょう。

もちろん、反論すると言っても、相手を言い負かすということではありません。ちょっとした切り返しや切り抜けで、簡単に言いくるめられることを回避する、あるいは相手に「あなたの企《たくら》みはわかっていますよ」と感じさせることができれば、十分な成果をあげたといえます。少なくとも、簡単に言いくるめられないぞという姿勢は、相手に見せることができます。

でも、それができないから悩んでいるのですよね。そのため、自分にしゃべりが下手、言いたいことが言えない、とレッテルを貼る。それで、「ああ、自分はなんてダメな人間なんだろう」と落ち込んでしまう。

いえいえ、落ち込む必要はありません。言いくるめられてしまうのは、会話の能力が低いからとか、口下手であるとか、コミュニケーション力が不足しているといったことが原因ではないのです。

1章でもお話ししたように、**人を言いくるめようという人は、「言いくるめるパターン」を使ってきます。**この本では、それを**「５つのパターン」**に集約しました。

言いくるめようとする人は、５つのパターンのどれかを用いて会話を展開してきます。ときには2つや3つのパターンを複合的に合わせてくることもあります。それに乗せられてしまうと、誰でも言い返すことができずに言いくるめられてしまいます。

しかし、逆にいえば、言いくるめる5つのパターンさえ知っていれば、十分対応が可能だということです。どのようなパターンがあるかを理解し、それに対処する方法を学習しておけば、そうそう簡単に言いくるめられて、相手のいいなりになることはありません。

つまり、言いくるめる5つのパターンの知識を持っているか、いないか。じつは、それだけのことなのです。

パターンを知らなければ、学べばいいのです。いずれのパターンもよく使われるものですから、おそらく「前に言いくるめられたのは、このパターンだ」と思い当たるものがあると思います。そのときの体験に重ね合わせて読めば、どのように対応すれば、いいなりにならずにすんだのかがわかってくるはずです。

また、「これって、言いくるめるパターンの1つだったの？」というものが出てくるかもしれません。知らず知らずのうちに言いくるめられていたということです。でも、パターンを熟知すれば、次からは簡単に言いくるめられることはなくなりますよ。

では、5つのパターンを見ていきましょう。

❶「一般化」する――〝普通〟そんなことしませんよね？

相手を言いくるめる、あるいは自分のペースに乗せてしまうために、最もよく使われるのが「一般化するパターン」ではないでしょうか。

一般化とは、反論しづらい正論を振りかざして、ことを押し進めるテクニックです。「一般的にはこう言われているよね」「一般常識ではこうなっています」「世間ではこのように思われています」というように、大きな枠組《わくぐ》みを示して、相手の同意を取ります。

このパターンのやっかいなところは、間違ったことを言われているわけではないことです。でも、「それは、そうですね」と認めてしまうと、「じゃあ、こういうことでいいかな」と向こうの条件を押しつけられてしまうのです。

相手が持ち出す一般論は、確かに正論ではあります。しかし、一般論がすべてに当てはまるわけではありません。現状は、正論が通用する状況と必ずしも一致するわけではなく、**それぞれのケースにそれぞれの事情が存在するものです。** 一般的にはその通りだとしても、こちら側にも、それを鵜のみにはできない事情があります。

たとえば、「今、景気が悪いからさ、どうしてもコスト削《けず》らなくちゃならないんだよ。今回の納品分の単価は１割カットでお願いしますよ」と取引先に迫られる中小企業は少なくないことでしょう。

景気が悪いのは確かです。アベノミクス効果などといっても、恩恵を受けているのは一部の大企業だけで、多くの企業はまだ厳しい状況に直面しています。コスト削減は至上命題で、仕入れ価格の値下げが交渉課題としてあがってくることもよくあります。相手は「世の中の景気が悪いから、ちょっと我慢してくれ」と一般論で譲歩を迫ってくるわけです。

このパターンは、反論したり、言い返したりするポイントが見つけづらいので、その対応に困ります。だからこそ多用されるテクニックとも言えるわけですが……。詳しい対処法は、次章でお話ししたいと思います。

❷「抽象的に否定」する――〝なんか〟違うんだよね

曖昧な理由で否定されるのが、このパターンです。

「うちのカラーには合わないんじゃないの」

「そう言われても前例がないからねえ」

「なんとなく気に入らないんだよなあ」

「もうちょっとなんだよ。もうちょっと何かが足りないんだ」

よく聞きますね。クリエイティブな仕事をしている人に限らず、ビジネスや職場でよく使われているやり取りだと思います。

結論は否定ですよね。そのアイデア、プラン、意見は採用できないよと言っています。

でも、**なぜダメなのか、理由がよくわからないのが、このパターンの特徴です。**

「うちのカラー」と言われても、どこからどこまでがうちのカラーの範疇《はんちゅう》なんだよ。「前例がない」と言っても、いつも同じものばかりじゃないのに。「なんとなく気に入らない」「何かが足りない」って、なんなんだよ。

そう言いたくなりますよね。この曖昧な言い回しが、クセ者なのです。

抽象的な表現なので、言われた側が勝手に想像を働かせてしまうからです。カラーが違うと言われれば、「ここではもっと派手なもののほうがいいのか」と解釈。そんなことは一言も言われていないのに、です。何かが足りないと言われたら、「最後のオチが利いていないんだな」と連想。オチがダメだなんて、誰も言っていないのに、です。

明確でない分、解釈の幅を広げさせて、あれがダメなのかな、これがダメなのかなと考えさせ、「もう一度考え直してきます」と言わせてしまうものですが、ダメ出しをしているほうもダメな理由を明確に把握できていないことがあります（ただし、その道のプロと言われる人も、こういう表現を使うことがありますので、相手をみる必要はあります）。はっきり「ここがダメだから」と指摘できないので、曖昧な表現を使っているのかもしれません。

このパターンへの対応策は、何がマイナスなのかを特定することです。詳しくは次章で解説しますが、この場合は、勝手にマイナス部分を想像してはいけません。

❸「論点」をすり替える――〝でも、あなたも〟遅れたことあるよね？

「論点をすり替える」のも、よく使われるパターンです。これは、文字通り話のポイントを別の視点に移してしまうテクニックです。

身近なところで使われていますし、あなた自身も使っているかもしれません。もちろん、論点をすり替えようと意識したものではないでしょうが。

たとえば、こんなシチュエーションを思い浮かべてみてください。クルマを走らせていると、突然後ろからパトカーのサイレンが。あわててバックミラーを確認すると、パトライトを光らせた覆面《ふくめん》パトカーがピタリと後ろにつき、「前の車両、左に停車しなさい」と拡声器で怒鳴っています。

覆面パトカーによる速度取り締まりです。仕方なく、クルマを路肩《ろかた》にとめ、警察官を待ちます。

警察官　「なんで飛ばしてるの？　30キロオーバーだよ」

運転手　「30キロオーバー？　前のクルマと同じ流れで走っていただけですよ」

警察官「でもね、ここは60キロ制限なの。90キロで走ったら速度違反なんですよ」
運転手「じゃあ、前のクルマも捕まえろよ。なんでオレだけ捕まるんだよ。理不尽じゃないか。だいたい、もっと重大事件があるだろ。こんなちんけな交通違反じゃなくて、凶悪な犯罪を取り締まれよ」

スピード違反で捕って、こんな悪態をついてしまう人いますよね。でも、これは立派な（？）論点のすり替えです。

確かに、走っているクルマの流れに乗っていただけかもしれません。しかし、60キロ制限の道路を90キロで走っていたのは紛れもない事実であり、それは速度違反をとられる行為です。公平感から考えれば、前を走っていたクルマも捕まえるべきでしょうが、たとえ前のクルマが捕まろうが捕まるまいが、速度違反の事実は変わりません。

また、重大犯罪を取り締まれというのも、論点のすり替えです。もちろん、警察は重大犯罪の捜査を行っているでしょうし、そのことと速度違反とは、別問題です。ちなみに、当たり前のことですが、警察官相手に論点のすり替えを行っても、まったく効果はありません。何を言われても、彼らは忠実に職務を執行するだけですから。

そのほか、様々な場面で論点のすり替えは使われています。

「おまえが遅刻するから、電車に乗り遅れてしまっただろ。どうするんだ」

「おまえだって、この前遅刻しただろ」

あなたが今遅刻して、乗るべき電車を逃したことと、相手が以前遅刻したことは別の問題です。このパターンはよく使われます。責められると、つい言ってしまいますね。

このように、**本来の問題や話題を別のものにずらしてごまかそうとする、あるいは本質をはぐらかそうとする。これが、論点のすり替えです。**

④「自分たちの論理」を示す——〝そういう決まりだから〟無理だよ

このパターンは、ルールや決まり、業界の常識などを前面に出して、容認や承諾を迫るテクニックです。

「このクーポン券使える？」

「すみません、あいにくこのクーポンは食料品には使えないんですよ」

「え、使えないの？」

「ええ、裏面に小さく断り書きがついていまして」

「これだけ使うことできない？」

「申し訳ありません。決まりですので、わたしにはどうすることもできないんです」

食料品はクーポンの対象外であるというルールを説明しています。この場合は、ただし書きがついていますから、この対応はまっとうです。

しかし、言いくるめようとするときには、根拠が明示されることなく使われます。

取引先から明らかにムダが多い作業を強いられたとき、こんなふうに言いくるめられていませんか？

自分　「作業の手順ですけど、どうもムダがあるようなので、このように変えさせてもらってもいいでしょうか？」
取引先　「困るんだよな、勝手にそういうことされちゃ」
自分　「でも、ここところを変えるだけで、全体に変更するわけではありませんし、結果としても同じになるかと思いますが」
取引先　「ダメだよ。うちの決まりなんだ。ルールなんだから、言われた通りにやってくれなくちゃ」

自分「ですが、それでは余計な費用と手間がかかってしまい……」

取引先「オレに言われてもどうしようもないんだ。うちの会社で決まっていることなんだから」

自分「……」

取引先のルール、それがポイントです。本当にこのルールは存在するのか。実際に存在するとしたら、そのルールに従わざるをえません。担当者レベルでどうこうできる問題ではないからです。

しかし、そんなルールなどないとしたら……。単に担当者が仕様を変更するのが面倒でルールを盾に言いくるめようとしているのかもしれません。

ルールや決まりだというのは、非常にラクな言い訳です。責任は自分にあるのではなく、ルールや決まりにある。こちらとしてはどうしようもできない。だから、そんなことを言われても困るというように、断りのセリフを言いやすいのです。なにしろ、責任は自分にはないのですから。

それを逆手にとって、何でもルールや決まりのせいにして言いくるめようとする人も少なからず存在します。そのルールが、会社や組織などのローカルルールで一般に知られていないものであれば、どうにでも言うことができるからです。

ルールを盾にとられると、まさか「そちらのルールを変えてくれ」と言うわけにもいかず、のむしかありません。

そういう意味では、しばしば使われる言いくるめるパターンといえるでしょう。

⑤「都合のいい例」を持ち出す――〝あの経営者も〟こう言ってるんだから

「都合のいい例」を持ち出すパターンの典型は、成功者を例にあげる話です。たとえば、裸一貫から身を立てた立志伝中の人物を引き合いに出し、「彼は昼も夜もなく働いた。あるときは１週間ほとんど寝ずに商品を取り扱ってくれる問屋を探し歩いたんだ。それに比べれば、こんなの苦労でもなんでもないだろう」と部下に諭す上司は、間違いなくこのパターンを使っています。

一般論と同じで、こうした話は否定することができません。確かに、人並み以上に働いたから成功のチャンスをつかんだのでしょうし、バイタリティあふれる行動力で道なき道を切り拓いてきたことにはうなずくしかありません。

こうした話を持ち出すのは、「だから、君らも文句言わず働きなさい。多少仕事がきつくたって我慢しなさい」といったメッセージを伝えたいことが多いと思います。成功した偉人を見習い、困難を乗り越えろというわけです。

企業経営者が書いたビジネス本も、ある意味でその延長線上にあるといえます。企業を立ち上げ、大きく育てていった苦労やその中で学んだことは非常に勉強になりますが、経営者には自分の思想に洗脳したいという思いがあるかもしれません。洗脳という言葉が極端であれば、自分と同じ考えを持ち、同じ働き方をすれば、同じ結果を得ることができる。だから、同じようにがんばってほしい。その思いを伝えたい、という強い願いです。

それは悪いことではないのですが、人間は一人ひとり考え方も性格も違う、ということも考慮しなければなりません。

成功者の言葉は実体験からくるものだけに示唆《しさ》に富むものが多く、成長のヒントとなることが少なくないでしょう。自らの意思でそうしたものに触れ、感動し、この人のように生きてみようと決意したなら、大きなメリットが得られるはずです。

しかし、ほかの人間が成功者を引き合いに出し、こちらの思うように動かすために言いくるめる手段として使うときは注意が必要です。真面目な人ほど、素直に受け入れてしまい、自分に過大な負荷をかけてしまうことがあるからです。

また、成功者の例に比べるとスケール感が小さくなりますが、「われわれが若いころは、こんな苦労をしたものだ」とか「昔は毎日終電まで働いたけれど、そのおかげでここまでくることができたんだ」といった先輩や上司の昔の武勇伝も、「都合のいい例」の1つのパターンといえます。

さて、ここまで「言いくるめる」典型的な5つのパターンを見てきました。次章では、より具体的な事例をあげながら、このようなパターンで言いくるめられそうになったとき、どのように対応すればいいかを、一緒に考えていきましょう。

第3章

実例会話で一目瞭然！

こうすれば「意見を通せる人」へと一転する

●「一般化」に言いくるめられないコツ

——反論しにくい正論で攻められたときはどうするか？

会話例——部下から提案された現実味のない代案

A社では、毎日退社前に日報を書いて、上司に提出する決まりになっています。その日の取引案件や課題、改善点、さらに明日の予定などを書き込んで報告するのです。しかし、この日報が一部の若手社員の間で不満のタネとなっていました。手書きという、若い人にしてみれば少し〝古い〟やり方に納得がいっていないのでしょう。確かに、パソコンで打ち込むのに比べると、少し面倒で、多少時間を取られてしまうといえば否定はできません。とはいえ、この方式でも、今まで業務は問題なく回っています。となれば、普段の仕事とは別に、新たな時間と労力も費やすことになるでしょうし、特に新しい方法を取る必要もなさそうではあります。

そんなある日、若手社員の中でも物怖《ものお》じせずに意見をいうB君が、上司であるあなたに話があると言ってきました。どうやら、日報に関する不満をぶつけにきたようです。上司に直接話にくるのは今回が初めてですが、前にB君が「手書きとか、面倒だよね」と彼の同僚に愚痴っているのを、この上司は耳にしたことがあります。正直、建設的な意見を持ってくるとは思えない状況なのですが……。

B君　「課長、今日は業務改善の提案に参りました」
課長　「何を変えたいの？」
B君　「毎日の日報についてです」
課長　「日報がどうかしたの？」
B君　「これは非合理的な古い習慣だと思うんです。今どき、手書きなんて非効率的だとは思いませんか？　最近では、グループウェアなど便利なサービスもどんどん生まれていますし」
課長　「うーむ、確かにそういったサービスと比べたら、うちの手書き日報は少し古いかもしれないけど……」

B君　「ですよね？　いちいち紙に書いて提出するより、スマホとかパソコンから入力できる方が、入力も速いですし、出先でも書けますし、うちもデジタル化した方が何かと便利じゃないかと思うんです。それに、考えてみてください。古い体質のままでいると、ほかの企業に置いて行かれちゃいますよ。イノベーティブな企業ほど、古いやり方に縛られず、どんどん新しいことに挑戦しているんですから」

課長　「確かに、それはそうなんだろうけど、急にそういうことを言われてもすぐには対応できないんだよ。変えるとなると、時間とか労力とか、通常業務以外にもいろいろとコストがかかってくるじゃないか」

B君　「しかし、先ほど課長も『手書きは少し古い』と賛同してくれましたし、新しいことにどんどん挑戦することの大切さに納得も示してくれたじゃないですか？　それとも、別の業務が増えて面倒だからって、部下の提案を無視するんですか？」

課長　「いや、そういうわけじゃないけど……」

B君　「じゃあ、どういうことなんですか？　以前、部長が僕ら若手に向けて『新しい意見はどんどん提案してほしい。古い考えを打破する気持ちで、わたしや課長に言ってくれ』とおっしゃっていましたよね？　あれはウソだったんですか」

課長　「違う、違うよ。部長もわたしも新しい意見はどんどん提案してほしいとは思っているよ。しかし、先程も言ったように時間と手間もかかってくるし、そういったデメリットもきちんと検討してからでないと……」

B君　「やっぱり、普段とは別の仕事が発生するのが面倒だからじゃないですか！　違うんですか！」

課長　「う、うーん、わかったよ。じゃあ、わたしから上にかけあってみるよ」

B君　「え、本当ですか！　ありがとうございます！」

課長　「（はあ、やっかいな約束してしまったなあ。こんな提案を上にしても、絶対に納得しないだろうけど……）」

いかがでしたでしょうか？　最近の若い人はおとなしいと評されることもありますが、

物怖じせずに、堂々と上司に意見を言ってくる人もいるでしょう。そんなはっきりとした物言いをする若い人が部下や後輩だったら、しかも言ってくることが間違ってはいない「正論」だとしたら、対応に困ってしまう人もいるのではないでしょうか。

このケースも、はっきりとした物言いをする部下に「正論」で攻められ、言いくるめられてしまっている場面です。

では、一体、この部下のどの言葉に言いくるめられてしまったのでしょうか？

✕「この言葉」に言いくるめられている！

「今どき、手書きなんて非効率的だとは思いませんか？」

「イノベーティブな企業ほど、古いやり方に縛られず、どんどん新しいことに挑戦しているんですから」

――「部長が僕ら若手に向けて『新しい意見はどんどん提案してほしい。古い考えを打破する気持ちで、わたしや課長に言ってくれ』とおっしゃっていましたよね？」

ほかにも、攻め立てる言葉は見受けられましたが、主なところとして、この３つを挙げておきます。

これらの言葉は、どれも〝一般的〟には、間違ってはいません。しかし、それはあくまで「一般論」でしかないのです。ほかで上手くいっているからといって、だから当社でも上手くいく、なんて単純な話ではありません。何より、今までの方法で問題なく回っているのですから、このような一般論だけを根拠にしているような提案では、「手書き日報の変更」が、コストをかけてまで取り組むべき課題なのかどうかは、判断できません。このような投げっぱなしの提案は、部長や課長が求めている「新しい提案」とは異なるものでしょう。

ですが、間違ってはいないからこそ、否定できるものでもないのです。このＩＴ化が進んだ時代、タブレットやスマートフォンを社内ネットにつないで連絡や情報共有を行っている企業も多く、手書きの日報を提出するというのは効率という面からも、スピードという面からも合理的とはいえません。また、「新しい提案をしてほしい」こと自体に反対する気持ちはないでしょう。なので、課長もこれらの意見に同意を示してはいます。

しかし、それが逆に言質《げんち》となってしまい、B君が自分の意見を押し通す手助けをしてしまっているのです。

では、このような正論などを用いて、問題を一般化して話を押し進めようとする相手には、どのように対応すればいいのでしょうか。

コツ1 「つべこべ言うな」は最悪の切り返し

この例では、「上にかけあってみるよ」と受け入れてしまっていますが、こういった上司と部下の関係性の場合、中には、「ルールはルール。つべこべ言わずに決められた通りにしろ」と言って、とりあわない人もいるかもしれません。正直、今回のケースでも、そう言っておけば、確かに面倒な提案を受け入れずにすんだでしょう。しかし、果たしてそれがベストな対応でしょうか。

部下の掌握という観点からも、モチベーションの維持という観点からも、このような強権的な有無を言わさぬ対応は、マイナス面が大きいでしょう。「あの上司は部下の話に耳を貸してくれない」「何を言っても聞いてもらえない」と感じて、信頼ややる気を失ってしまう危険性があるからです。

それに、相手の主張がまさに正論で、自分でも「その通りだよな」と思いながら、「会社のルールなんだから、オレにはどうしようもない。決まり通りにやれ」と突き放していると、なんとなく自分が融通のきかない会社人間になったようで、もやもやしませんか？

立場が上になればなるほど、従来のやり方や方法論に固執し、それを変えたいという提案に冷淡になる傾向があるようです。たとえ、新しい提案のほうが合理的でメリットが大きいと予測される場合でも、自分自身が否定されたように感じて、よく検討もせずに却下してしまうのです。

でも、チームを上手に動かしたいなら、また部下のパフォーマンスを上げたいなら、上に立つ人間は、こうした態度に気をつけたほうがいいでしょう。

コツ2 考える作業は「相手に任せる」のが正解

では、「つべこべ言うな」でシャットアウトもせず、同時に一般論に対して言いくるめられないためには、どうすればいいのでしょうか？

今回のような「上司―部下」の関係であれば、一番大事なのは、一般論であろうとまずはその提案に十分に耳を傾けることです。そのうえで、言い分に一理あると思ったら、「なるほど、言いたいことはよくわかった。わたしもよく検討してみたい。ついては、その件についてもっと情報を集めてくれないか」と、相手に情報収集を指示してみるのです。

部下が本気で改善を考えているなら、他社の事例や現在のＩＴ事情について調べて改めて報告してくることでしょう。そして、それが妥当な提案なら、さらに上の役職者に自分が提案してもいいですし、部下からの提案として上げてもいいでしょう。それが会社にとってメリットのあることなら、検討がなされるはずです。そして、もしそれが実現することになれば、あなたや部下の評価にもつながってくるでしょう。

一方、部下が単に面倒だからという理由で、手書き日報など合理的ではないと文句を言っているだけだとしたら、「情報を集めてくれ」という上司の指示に対してアクションを起こすことはないでしょう。なぜなら、手書きが面倒という部下にしてみれば、また新たに何か作業が発生することなど、余計に面倒くさいからです。

正論をぶつけてきた相手に対して、その正論を受け入れ、それに対して新たな指示を出すという行為は、部下を試すいいチャンスでもあるのです。本当に自分の仕事や会社のことを考えて行動する部下か、それとも面倒くさいことはできるだけ回避したいと思っているだけの部下か。上司として、部下の資質の一端を見ることができるチャンスになります。

情報が集まる人と、集まらない人の差は、こういうところにあるのです。ルールだからと拒絶する上司には、決して情報は集まってこないでしょう。しかし、いったん正論を受け入れ、検討するためのデータがほしいという上司には、きっと情報が集まります。「あの人はちゃんと話を聞いてくれる人だ」と部下に思われれば、日常業務においても様々な情報がもたらされるようになるのです。

部下の正論をむげにシャットアウトするのは、じつにもったいないことです。部下の言うことを受け入れるのは、言いくるめられているのではないのです。じつは多くのメリットをもたらしてくれるチャンスをつかむ行為なのです。

コツ3 「個別論」に話を移す切り返し

一般論を用いて相手を言いくるめる方法は、よく使われます。1章でも例としてあげましたが、こういった上司と部下の間だけでなく、交渉の場においても用いられることが多いテクニックです。

相手が持ち出す一般論は、確かに正論です。間違ったことを言われているわけではないので、「それは、そうですね」と認めてしまう。でも、そうすると、「じゃあ、こういうことでいいかな」と、向こうの条件を押しつけられてしまいます。

しかし、実際には、正論がそのまま通る状況であるとは限りません。それぞれのケースごとに、それぞれの事情が存在するからです。一般的にはその通りだとしても、それをただ鵜のみにできない事情があるものです。

2章で述べたように、「今、景気が悪いからさ、どうしてもコスト削らなくちゃならないんだよ。今回の納品分の単価は1割カットでお願いしますよ」と取引先に迫られる中小企業は少なくないでしょう。相手は「世の中の景気が悪いから、ちょっと我慢してくれ」

と一般論で譲歩を迫ってくる。こういう図式です。

さて、このような場合、どのように対応したらいいでしょうか。

相手は取引先です。相手の非を突いて言い負かしたり、気分を害することは避けなければなりません。あくまでも穏便に、それでいてただ相手のいいなりにはならない。そして最終的に条件をのまざるをえないにしても、こちらが納得できる交渉にする必要があります。

そのためには、「そうですね」と同意するしかない一般論を「個別論」に落とし込んでいくのが有効です。**一般論では話が大きすぎるので、もっと小さな身近なテーマにシフトするのです。**

「景気が一向に良くならないでしょう」というのなら、「そうですね」と一応は認めたうえで、「御社はどうですか？　やはり売り上げは落ちてますか？」と相手の会社の状況を聞いてみるのもいいでしょう。「世の中の景気」という大きな枠組みから、「あなたの会社」という小さな枠組みに論点を移すわけです。

会社同士の取引で、このように聞かれて嘘をつくわけにはいきません。本当に業績不振なら「かなり厳しいんだ」という答えが返ってくるでしょう。それほど悪くなければ「まあ、そこそこ踏ん張っているけどね」とか「ボチボチだね」といった回答になるかもしれません。いずれにしても、大きな一般論ではうなずくしかなくても、個別の話になると、話し合える状況が見えてくる可能性があります。

コツ4 相手のウラを見透かす「情報」を得る

そのときに大事なのが、事前に相手の情報を調べておくことです。価格交渉など、重要な話し合いをするときには当たり前のことですが、相手の情報を持っているかどうかで状況は大きく変わります。

たとえば、先方の会社が出した新製品が高い評価を受けている事実を事前に入手していれば、「御社の新製品、評判いいらしいですね。だいぶ売れていると聞きましたよ」とこのカードを切ることができます。

相手の立場に立って考えてみると、一般論を持ち出してくるときというのは、それですり抜けることができればラッキーと考えていることが多いのではないでしょうか。状況を詳細に話すと、聞かれたくないこと、突っ込まれたくないことが出てくるので、大きな正論でＯＫしてくれないかなと思っているのです。

だから、こちらがいろいろな情報をすでに持っているということを見せるだけでも、相手に「これは簡単に言いくるめることはできなさそうだ」という印象を与えることができます。そうなれば、交渉を少しは有利に進めることができるかもしれません。

ただし、企業間の交渉ごとにおいては、力関係やほかの業者への手前など複雑な事情もからんできます。相手が１割のコストカットを求めるほどの苦境ではないのではないかという情報を出しても、要求が簡単にひっくり返るとは限りません。

しかし、「うちも苦しいんです。１割カットされたらやっていけません。５％ならなんとか努力します。再度ご検討いただけませんか」と条件の変更を打診したり、「わかりました。うちも苦しいんですが、Ａ社さんがそうおっしゃるのなら今回は涙をのみましょう。でも、次回は考えてくれませんか」と条件付きの受け入れを提示することもできます。

もし、最終的に１割カットをのまざるをえなかったとしても、こうした交渉を行うことができれば、いいなりになって受け入れるより、まだ納得感が得られるというものでしょう。**相手に、「ここは簡単に言いくるめることはできないな。それなりの交渉をしなければ**

ばならない」という印象を植え付けられれば、以後の交渉に良い影響を与えることができます。それだけでも十分に成果があったといえます。

一般論から個別論へ――反論しづらい正論を掲げる相手に対しては、まず話題を小さくしてしまうことが有効なのです。

◎「こう」切り返せば言い負けない！

では、これらの対処法を念頭において、もう一度最初の事例をみてみましょう。部下が正論で迫ってきたときに、どんな切り返しをすればいいでしょうか。

B君　「課長、今日は業務改善の提案に参りました」
課長　「何を変えたいの？」
B君　「毎日の日報についてです」
課長　「日報がどうかしたの？」

B君　「これは非合理的な古い習慣だと思うんです。今どき、手書きなんて非効率的だとは思いませんか？　最近では、グループウェアなど便利なサービスもどんどん生まれていますし」

課長　「確かに、先進的な企業の中には、そういった新しい取り組みをしているケースもあるよね。しかし、うちでは、今のところ問題なく回っているように思うけど、何か問題があるのかな？」

B君　「ありますよ。業務の報告は、日々のホウレンソウ（報告・連絡・相談）の中でもやっていますし、その日の予定は朝のミーティングでもお話ししています。それに仕事が終わった段階で所定の日報帳に手書きで書き込むのは非常に手間です。課長のハンコをもらうために待つことも多くて、この日報の提出のためだけに毎日30分から1時間かかっているんです。こういう古い習慣は変えていくべきじゃないかと思うんですが」

課長　「確かに君の言うことにも一理あるな。で、どういう風に改めたいの？」

B君　「そうですね……日報帳への手書きをやめてグループウェアのようなアプリを導入するのはどうでしょう？　日報帳は会社でないと書けませんが、グループウェアなら手持ちのスマホやタブレットから移動中に書くことができます。これだけでだいぶ時間を節約できますし、課長もあいた時間に見ることができますから、ハンコをもらうために待つこともなくなります。一石二鳥だと思うんですが」

課長「実際にそういうシステムを入れている会社もあるのかな？」

B君「イノベーティブな会社は、どんどん最新のIT技術を入れていますよ」

課長「じゃあ、具体的な事例を集めてみてくれ。導入コストや使いこなすトレーニングにかかる時間、得られるメリットまで調べてもらえるとありがたい」

B君「わかりました。さっそく調べてみます。同業のC社も最近導入したようですし、参考事例は簡単に集められると思います」

課長「じゃあそうしてくれる？　資料が集まったら、上の会議で申請してみよう。役員たちを説得できる材料を用意しておいてよ」

B君「まかせておいてください。若手グループの総力をあげて取りかかります」

課長「頼もしいけど、くれぐれも仕事優先で頼むよ」

理想的な模範解答を考えてみました。実際は、これほどうまくいくケースはまれでしょうが、流れはご理解いただけると思います。

正論はいったん受け入れつつ、より具体的な個別の論点に落とし込みます。さらに、そこから逆に提案をして、部下に調査を指示しましたよね。相手を拒絶することなく、言いくるめられることを防ぎました。それだけでなく、こちらの要求をのませることができる。

そういう切り返しのパターンです。

「抽象的な否定」に言いくるめられないコツ

――曖昧な理由で反対されたときはどうするか?

会話例――企画会議での「前例がない」「うちには合わない」

新規の企画を立ち上げる、これまでとは別の方法を採用するなど、何か新しいことを始めるとき、多くの会社では、上の立場の人の了承を得る必要があるでしょう。出版社であるX社もそんな多くの会社の中の1つ。この日、Mさんは、直属の上司と編集長に対し、新しい書籍の企画を提案していました。

Mさん「本日は、新しい企画を一点ご提案させていただければと思います」
上司「聞かせてくれる?」

Mさん「はい。今、20代から30代の若いビジネスマン向けに、人生計画の立て方という本を考えています」

上司「人生計画の立て方？」

Mさん「はい、バブルを経験していない今の若い人は、ずっと厳しい環境の中で育ってきました。就職もままならず、非正規雇用で苦しい生活を強いられている人も大勢《おおぜい》います。わたしたちが年を取ったときには、年金だってどうなるかわかりません。そういう世代の人生計画の立て方は、今の大人たちとは根本的に違うと思うんです」

上司「うーん。どうですか編集長？」

編集長「若者向けの企画か。どうだろう？　うちのカラーにはちょっと合わないんじゃないか？　これまで堅実な実用書を中心にやってきたからな」

Mさん「確かに、うちのカラーからは少し外れているかもしれませんが、新しいことにも目を向けていくべきではないでしょうか」

上司「でも、前例がないものは売り上げの予測もできないし……若者向けの本なんて、ほとんどつくったことがないんだぞ」

Mさん「前例はありませんが、挑戦する価値はあると思うんです！　じゃないと、ラインナップの幅が広がっていきませんし、読者層も縮小していきます。月に1冊、いえ数カ月に1冊でも、チャレンジングな企画をやっていきませんか？」

編集長「君の熱意はわかる。でも、やっぱりうちで出して売れるイメージが持てないんだ。そういうわけだから、現段階ではこの企画を通すのは難しいかな。もう少し検討してくれるか？」

Mさん「は、はい。わかりました。（検討って、いったい何を検討すればいいんだよ……）」

いかがでしたでしょうか？　このような曖昧な理由で否定されてしまっては、どこから伝えれば相手に納得してもらえるかもわかりませんし、こちらとしても「よくわからない、曖昧な理由で否定された」と不満が残ってしまうでしょう。

さて、いったいこの流れの中のどの言葉に言いくるめられてしまったのでしょうか？

✕「この言葉」に言いくるめられている！

「うちのカラーにはちょっと合わないんじゃないか？」

「前例がないものは売り上げの予測もできない」

とても、よく耳にする言葉です。このセリフで言いくるめられ、納得いかない思いを抱いた人は、たくさんいることでしょう。

よく使われる言葉ですが、否定の理由としては非常に抽象的です。

「カラーに合わないって、うちはいったいどんなカラーなんだ？」

「前例って言うけど、いつもいつも同じことをやらなきゃいけないの？」

よく考えてみると、ダメな理由が明確に見えてきません。だから余計にモヤモヤが残るのだと思います。この曖昧さが、この「言いくるめるパターン」のポイントです。

曖昧で抽象的な言い回しは、ある意味でオールマイティです。「うちのカラーに合わない」

と言えば、「この会社の方針に合わない」とも取れますし、「うちっぽさがない」という意味にも取れます。今回のような本の企画会議の場であれば、「テーマ自体がよくない」「書き手が物足りない」という理由も考えられます。

抽象的であるだけに、どのような理由でも当てはめることができる便利な言い回しです。

そもそも、こうしたザックリとした理由で否定されるときには、否定をした人も、本当は明確な理由がわかっていないことがあります。

「なんとなく違うな」「う〜ん、どこか面白みに欠けるな」という漠然とした違和感はあっても、それを具体的に表現できないときや、考えるのが面倒くさいときに、人はつい、こうした曖昧な理由で否定してしまうことがあるからです。

このような抽象的な否定をされたときに、「挑戦する価値はあると思いますが」と、同じように抽象的な返しをしても、あまり効果は期待できません。

議論はどこまでいっても曖昧なままで、着地する場所が見つからない。最終的に「今はその時期じゃない」とか「まあ、少し時間をおいて考えてみよう」というような、これまた曖昧な結論に導かれてしまう危険性があります。

では、このような曖昧な理由で否定されて、取り付く島もない場合、どのように対応すればよいのでしょうか。

コツ1 伝え方を「ズラす」だけで反応は変わる

先ほどもお話ししたように、このような曖昧な理由で否定されるときは、直感的に「挑戦すべきものではない」と思われているケースが多いのではないかと思います。パッと見て魅力が感じられない、なんとなく面白そうじゃない、自分には理解できない……。そんな感じで企画を通すメリットが感じられなかったのでしょう。

こういう場合、**否定している側も、自分がどこに引っかかっているのか、明確にできていないことがある**のです。

それでも、この企画をどうしても通したいと思うのなら、いくつかの角度からこの企画のメリットを示す必要があるでしょう。というのも、さまざまな角度から議論を深めていくと、内容が具体的になります。それに対する相手の反応を見れば、どこに引っかかっているのかも具体的にわかってくるからです。

たとえば、データで数字を挙げてみるというのも1つの方法です。関連したビジネスの売り上げや動向を示して「この企画にもチャンスがある」ことを示す。あるいは、人が関心を持っている分野を示すデータを挙げて、それに合致する企画のメリットを強調するのもいいでしょう。

企画を知人や友人、同僚などに話してみて、その反応がよければ、それをメリットとして提示することも可能です。その企画を押すアイデアや補強材料があるのであれば、それを話してみるのもいいでしょう。

企画そのものの成否とは別に、その企画が実現すると得られる将来の可能性を指摘する方法もあるでしょう。「今、参入しておけば、次の展開としてこのようなプランが考えられます」と、1つの企画に連続した「複合的な構想」を説明するのです。

相手が企画のどこをマイナス評価しているのかわからない以上、さまざまな角度からメリットを挙げて、相手の反応を見てみるのです。

コツ2 「何が原因なのか？」を自分で考えなくてもいい

さまざまな角度から議論を深めてみたけれど、相手がどこに引っかかっているのかわからない……。そんなときは、「直すべき点があれば修正しますので、もう少し具体的に改善すべき点を教えてください」とお願いしてみるのも手です。

部下に教えを請《こ》われてむげに断る上司はそういないと思いますから、企画書をもう一度読み直して考えてくれるはずです。事例に挙げた書籍の企画でいえば、

「これはどういう意図？」

「ここはどんな効果を狙ったの？」

「この著者は、ＳＮＳを積極的に使っているの？」

上司の質問に対して真剣に受け答えし、議論しているうちに、「この流れだと、ちょっとありきたりだなあ」とか「もう少しインパクトのある主張がほしいな」というように、上司が感じていた違和感の正体があぶり出されてくるかもしれませんよ。

具体的に議論することで、相手も直感で言っていたことが次第に整理されてきて、どこに問題点があるのか、それが具体的に見えてくることもあります。

あなたが上司から**否定される具体的な理由が明らかになれば、道は拓けてきますよね。**

否定される理由を取り除けばいいことになるからです。

ただし、実際には、曖昧な違和感を突き詰めていけば、それだけで反対をする合理的な理由が見つかるかというと、必ずしもそうではないことも覚悟しておかなければなりません。なぜかというと、「カラーに合わない」という理由の裏には、「オレの好みじゃない」という「主観的な好み」（個人的な価値判断）が潜んでいることもあるからです。

年齢を重ねれば重ねるほど、主観的な好みを排除することはむずかしくなります。人は経験によって好みが固まってくるものだからです。

この場合、上司の拒否を覆すのはむずかしいかもしれません。それでも抽象的な理由で否定をされて、理由がわからないままボツにされるよりは、決裁権限を持つ人の「好み」を知ることができた分、収穫はあったといえます。

コツ3 「前例がない」を100％退ける返し方

「前例がないから」という理由で否定されたときは、「戦略的な切り返し」をすることができます。

前例がないというのは、今までやったことがないということです。しかし論理的に考えれば、あらゆる物事には「はじまり」があります。前例は「はじまり」のあとの蓄積です。どんな前例でも、最初は「前例がなかった」はずなのです。

そう考えると、「前例がないからとおっしゃいますけど、前回のあのときも前例はなかったけど、やってみたじゃないですか」と切り返すことができますよね。

そう言われると、上司としては、別の理由を提示しなければならなくなります。前回と今回のどこが違うのか、具体的に説明してくれるでしょう。そこで出てくる違いが、「前例がない」という理由の裏に隠れた、本当の「理由」です。

「前例がない」と言いながら、実は「自分が前例のないことを手がけたことがない」だけかもしれません。あるいは前例がないことをやって、さらに上の上司ににらまれることを恐れているのかもしれません。本当の決裁権者は誰なのかを見きわめましょう。こういう場合には「根回し」という別の努力が必要になるかもしれません。

いずれにしても、ダメと言われて簡単に引き下がるのではなく、ダメならダメで、具体的な理由を明らかにする努力をすることが大切です。それでもダメだというのであれば、ある程度の納得を得ることはできるはずです。次に企画を立てるときの参考にもなるでしょう。

最後に、もう1つ根本的なことを考慮しておかなければなりません。

「うちのカラーに合わないから」「前例がないから」という抽象的な理由で不採用が頻繁に出る組織は、その組織自体が保守的で、新しいものには手を出さず、ヒットした分野しかやろうとしないという体質なのかもしれません。「チャレンジはしない」社風である可能性です。

このような組織で新しい企画を通すのは、ハードルが高いと考えざるをえません。直属の上司を説得しても、さらにその上の役員を納得させ、最終的には社長の決裁をもらわなければならないでしょうが、その都度、しみついた「社風」という組織の体質による高い壁が立ちはだかることでしょう。

しかし、今後のことを考えると、自分が所属する組織が体質としてどんな社風を持っているのかを知ることは、とても重要なことです。その組織に残ってやり続けるにしても、合わない社風から脱却するために新天地を求めるにしても、将来の戦略を考えるうえで貴重な参考材料になるはずです。

◎「こう」切り返せば言い負けない！

では、これらの対処法を念頭に置いて、ここでもう一度、最初の事例を見てみましょう。上の立場の人から曖昧な理由で提案を退けられたとき、どう切り返せば、「最善の結論」を導けるのでしょうか？

Mさん「本日は、新しい企画を一点ご提案させていただければと思います」
上司「聞かせてくれる？」
Mさん「はい。今、20代から30代の若いビジネスマン向けに、人生計画の立て方という本を考えています」
上司「人生計画の立て方？」
Mさん「はい、バブルを経験していない今の若い人は、ずっと厳しい環境の中で育ってきました。就職もままならず、非正規雇用で苦しい生活を強いられている人も大勢います。わたしたちが年を取ったときには、年金だってどうなるかわかりません。そういう世代の人生計画の立て方は、今の大人たちとは根本的に違うと思うんです」

上司　「うーん。どうですか編集長？」

編集長　「若者向けの企画か。どうだろう？　うちのカラーに合わないんじゃないか？これまで堅実な実用書を中心にやってきたからな」

Mさん　「確かに、うちのカラーとは少し外れているかもしれませんが、今の20代、30代はこういう分野に大きな関心を抱いているという統計も出ています。それに、うちの購買層は若い世代が少ないというデータも出ていますから、このジャンルに出ていって若い世代を取り込むことができれば、うちにとってもメリットが大きいと思うのですが」

上司　「でも、前例がないものは売り上げの予測もできないし……若者向けの本なんて、ほとんどつくったことがないんだぞ」

Mさん　「前例はありませんが、挑戦する価値はあると思うんです！　1年前に出したあの本も前例がなかったですけど、やってみたじゃないですか。ベストセラーというわけにはいきませんでしたが、3刷まで出て少しは手応えを感じました。そういう企画を少しずつ増やしていかなければ、同じようなジャンルの本ばかりで可能性が広がっていきません」

編集長「君の熱意はわかった。でも、もう少し具体的なイメージがほしい。役員会に通すために、もっと詳しいデータをそろえてくれるか。少し見本原稿も作ってみてほしい。やれるか？」

Mさん「はい。わかりました！」

理想の展開です。もちろん、実際にこうなるかどうかはわかりません。でも、ただ言いくるめられるよりも、自分の主張を上手に相手に伝えることができるようになれば、厚い壁にも風穴を開けられる確率はぐんと高くなるはずです。

「自分たちの論理」に言いくるめられないコツ

――「そういう決まりだから」と取り合ってくれないときはどうするか？

会話例――変化に抵抗感を示す上司への提案

何年か仕事をしていると、会社の仕組みについて考えるようになってきます。もうちょっとこうやったほうがいいのではないか、ここをこう変えるとより効率的になるのではないか。そうした改善案を考えるのは、会社にとっても、プラスであることには違いありません。しかし、それを受け止める側の反応はさまざまです。

Oさんは、ある会社に入社して7年目。仕事にもすっかり慣れ、自分だけでなく周りにも目を配れるようになってきました。

そんなOさんが非効率的だな、と感じている社内の定例行事が1つあります。月曜朝の定例会です。スケジュールの確認などを行うという名目はありますが、すでに社内ネットで全員のスケジュールが共有されている今、形だけのものになっていました。
これについてはOさんだけでなく、社内の若手をはじめ、多くの人がムダだと感じています。そこで、Oさんは、代表して部長に定例会の改善を提案しにいったのですが……

Oさん「部長、月曜朝の定例会についてご相談があります」
部長「お、なんだ？」
Oさん「はっきり言って、意味がないと思うんですよ」
部長「意味がないだって！　何を言ってるんだ」
Oさん「だってスケジュールの確認は、社内ネットで見ることができるじゃないですか。それに持ち回りで話をするのもムダだと思います。そんなにためになる話が出てくるわけじゃないし」
部長「あれは、部署の一体感を高めるための重要な儀式なんだぞ。それに、人前で話すトレーニングにもなる」
Oさん「誰も真面目に聞いてませんよ。あの話のネタをつくるために、ぼくらがどれだけ時間を使っているか知っていますか。小さな話題じゃ、上の人たちが文句を言うから、土日の間に何時間もかけてネタを探して話をつくっているんですよ」

部長「いいじゃないか。情報をあたるというのは、仕事にも役立つだろう。それにな、月曜朝一に定例会を開くというのは決まりなんだよ」

Oさん「その時間をお客さんに渡す資料の整理にあてたり、その週の営業戦略の策定にあてたりしたほうが有効だと思いますけど」

部長「だから、オレが決めたものじゃないから。オレに言われてもどうしようもないよ」

Oさん「ムダなものは、どんどん変えていったほうがいいと思うんですよ」

部長「しつこいな。上が決めたことだから、簡単には変えられないんだ」

Oさん「でも、提案することぐらいできるでしょう?」

部長「うるさいな。上の人間の言うことは素直に聞いておくべきだぞ」

すっかり部長を怒らせてしまいましたね。Oさんは、何を間違えてしまったのでしょうか。

✕

「この言葉」に言いくるめられている！

「上が決めたことだから、簡単には変えられないんだ」

「上の人間の言うことは素直に聞いておくべきだぞ」

このような言葉を上司から言われてしまうと、部下としては何も返せなくなりますよね。

そうなると、何をしても無駄なようにも思えます。でも、そんなことはありません。

発想の転換です。「こういった言葉を言われたらどう対応すべきか」ではなく、そもそも、こういった言葉を相手に言わせなければいいのです。

コツ1 「無意識の否定」をやめる

上司に提案をするのは、けっこうむずかしい行為ですよね。このケースのように、直接的に思っていることをぶつけてしまうと、上司は逆らわれているように感じ、怒り出してしまうことがよくあるでしょう。

部下としては意見を述べているつもりです。でも、上司はそう受け取ってくれません。何を言っても、「会社の決まりだから」「上が決めたことだから」「上の人間の言うことを聞け」と「自分たちの論理」を前面に押し出して、黙らせようとします。

そもそも、人は地位が上がると、あるいは年齢を重ねると、変化することに抵抗を感じるようになるものです。すでに自分たちが慣れ親しんだ習慣を変えたいと言われると、自分たちの価値観、ひいては自分を否定されたように感じます。また新しい環境に適応することも面倒に思えてくるものです。

上司に何かを提案する場合、そのことを頭に入れておかなければなりません。このケースのOさんのように、ストレートな伝え方は逆効果になることが多く、自分たちの論理を盾に、話を聞いてもらえないことになりがちです。

コツ2 「自分の意見」として伝えない

では、どういう方法が効果的なのでしょうか。

「一般化する」の項で、提案してきた部下に「情報を調べてもらう」という方法をお話ししました。この場合は、逆に部下のほうから上司に情報を提供する、というスタンスで臨むのがいいでしょう。

たとえば、同業他社はこのようなことをやっている、この間、新聞でこんな話が載っていましたよ、ある人に聞いたんですけど、こういうやり方が効果的だそうですよ、などなど、**直接不満をぶつけるのではなく、あくまで「情報」を伝える**のです。

不満をぶつけるのではなく「情報」として提示されると、上司も「ああ、そういう例もあるのか」と受け入れやすくなります。「それなら一度検討してみようか」ということになるかもしれませんよ。

もちろん、そもそも新しいものを受け付けない人ならば、答えは同じになるかもしれません。しかし、その情報がフックになるかもしれません。何かの拍子に考え方が変われば、改革へのゴーサインが出ることもあります。

人は新しいものが登場した当初は抵抗を示します。でも、受け入れる人が多くなってくると、受け入れてもいいかなという気になるものです。本当に改善したいことがあるのなら、長期戦を覚悟で、継続的に「情報」の提供を続けていく。そういうスタンスが効果的です。

コツ3 「ご当社ルール」の中にはウソもある

「自分たちの論理」を盾にするパターンは、取引先との交渉でもよく使われます。

「当社の決まりで、こういう支払いはできないことになっています」
「この場合は、こういうやり方をとってください。それが当社のルールになります」

「時間は8時から17時までです。それ以外はご遠慮していただくことになっています」

条件を詰めようとすると、さまざまな「ご当地ルール」ならぬ「ご当社ルール」が示され、それに準拠するよう求められるものです。

それが理にかなったものであれば問題ありません。しかし、なかにはどう考えても理不尽、あるいは受け入れがたい決まりもあるかもしれません。それでも、「当社のルール」といわれてしまうと反論することができず、のまざるをえません。

そういうときは、必ず確認をとる習慣をつけるとよいのです。

「御社のルールは、こうこうこういうことでいいんですね」

再度言葉に出して相手の言質をとっておきます。そして、相手の会社の別の人に、「御社のルールはこうなっているんですよね」とさりげなく確認をとるのです。それで実際にその通りなら、納得して受け入れることができるでしょう。

逆に、「え、何のこと？　そんなルールなんてないよ」といわれた場合、担当者が自分の都合でルールを設定したとわかります。おそらく、そのほうが自分の仕事が楽になるとか、効率よくできるということで、「自分たちの論理」のように見せかけたのでしょう。

それがわかっても、すぐに担当者を責めるのは得策ではありません。担当者が信用できるかをはかる指標になったわけで、今後の交渉における戦略を立てる際の参考になります。また今後何かあったときのための「切り札」としても使えるので、手元に温存しておくのがいいのではないでしょうか。

日ごろから確認をする習慣を身につけておくことは、大事なことです。それが客観的な判断の材料になるのですから。それに、良好な関係を長く続けていくためにも確認をするのは決して失礼なことではありません。むしろ、お互いの信頼を高め、結びつきを深めるためにも、納得いくまで確認をすることが大切です。

◎「こう」切り返せば言い負けない！

ここまで指摘したポイントを踏まえて、模範解答となるやりとりを見てみましょう。

―Oさん「部長、月曜朝の定例会についてなんですが」

部長　「お、なんだ？」
Oさん「部長はどう思いますか？」
部長　「どう思うって、会社の決まりだからな」
Oさん「この間、経済雑誌で見たのですが、今は朝一の定例会を廃止する企業が多いそうですよ。幹部の訓示や持ち回りの話に時間がとられて、週のはじめの貴重な時間がムダになるという認識らしいです」
部長　「でも、部署の一体感を高めるために、オレが若いころから続いている儀式だからな」
Oさん「実はぼくら、持ち回りの話のネタ探しに時間がかかって、仕事に支障をきたすこともあるんですよ」
部長　「仕事に支障が出るのか。それはよろしくないな。でも、月曜朝一に定例会を開くというのは上が決めたことだからな。オレにはどうしようもないよ」
Oさん「もちろん、そのことは理解しています。ぼくもすぐにどうこうしようと思っていません。でも、今業績を伸ばしている会社がやっていることを知るのは決してムダなことではないと思うんです」

部長　「まあ、確かにそうだな」
Oさん　「ですから、これからもちょくちょく目に付いた資料を持ってきますから、目を通してもらえますか」
部長　「目を通すぐらいかまわんよ。でも、簡単には変えられないぞ」
Oさん　「わかってます。少しずつ上の方たちと情報共有できたらいいなと思っているんです」
部長　「そうか、そういうことならオレも考えてみるか」

上司と対立関係になって、得することは何もありません。上の人になにかを提案するときは、相手の立場をよく考え、体面を傷つけないように注意する必要があります。
「自分たちの論理」を示してきたら、否定せず、「わかります」と受け入れたうえで、情報を提供するというスタンスでいましょう。その情報が、あとあと逆転のカギとなってくれるはずですよ。

「論点のすり替え」に言いくるめられないコツ

――話のポイントを都合よく変えられたときはどうするか？

会話例――部下に注意すると「でも、あの人だって」

仕事のスタイルは多様化しています。昔はビジネスマンといえば、夏も冬もビシッとスーツにネクタイというスタイルが一般的でした。しかし、最近ではクールビズの導入で、夏場のノーネクタイやポロシャツの着用も当たり前になりましたし、夏場以外もノーネクタイスタイルを通す人も増えていますよね。

働き方のスタイルも変わってきました。ＩＴ企業を中心に成果主義を掲げて、自由な働き方を認める会社も増えています。

今回の事例は、まだそこまで自由が認められていない会社での、課長と新人であるＣ君のやりとりです。課長は、C君を注意しようとしています。イヤフォンで音楽を聴いていて仕事に身が入っていない、という理由です。それだけではありません。この会社では、経験にもなるということで、新人が電話を取ることになっていたのですが、音楽を聴いているC君は電話にあまり出ないのです。それをほかの同僚が不満に思っていることも、耳に入っていました。

ただ、少しやっかいなことに、ほかにも音楽を聴きながら仕事に取り組むDさんという人がいるのです。しかし、彼は入社7年目なので電話番は卒業しており、音楽を聴く理由も目の前の仕事に全神経を向けるため。その分しっかり結果も出しているので、音楽を聴いているせいで本来の業務に支障をきたしているC君とは状況が違うのです……

さて、こんなとき、あなたなら上手く部下を注意できますか？

課長「C君、ちょっといいかな」
C君「はい、なんでしょう？」
課長「どうして仕事中に音楽を聴いてるの？」
C君「いけませんか？」

課長　「うちの会社では新人が電話を取ることになっていると、最初に説明したよね。君は音楽を聴いているせいで、全然電話を取れていないじゃないか。それに、そのほかの仕事にも身が入っていないように見えるけど」

C君　「確かに、電話番は申し訳ないので、これからは注意します。でも、僕が音楽を聴いているのは、集中力を高めるためなんです。これでも、僕なりに仕事に身を入れているつもりなのですが……このやり方をやめてしまうと、ガクッと作業効率が落ちるかもしれませんが、それでもいいんですか？」

課長　「いやいや、それは困る。仕事にはしっかり集中して欲しい……」

C君　「僕なりにしっかり仕事するためには必要なんです。部下のパフォーマンスを高めるのも、上司の仕事ですよね？」

課長　「そりゃそうだけど、その分、電話を取らなきゃいけないほかの人間のことも考えなきゃいけないんだよ」

C君　「ほかの方の話をするんでしたら、先輩のDさんだってたまにヘッドフォンつけて音楽聴きながら仕事をしていますよ。『集中できるんだ』って仰ってました。どうしてぼくだけ注意するんですか。同じ部下の間でも差別するんですか？」

課長「いやいや、差別なんてするつもりはないよ。相手によって態度を変えるなんてことはしない。でも、まだ新人だろう。うちでは社会人の基本を身につけるためにも、新人に電話番をさせる決まりがあるんだ」

C君「電話番については注意しますって反省しているじゃないですか？　だいたい、社会人の基本というなら、課長だってこの前、新規の取引先との打ち合わせのとき、名刺を切らしていたことがあったじゃないですか。上司だからって基本は忘れていいんですか？」

課長「な、何だその口の利き方！　今、その問題は関係ない！　つべこべ言うんじゃない！」

C君「そうやって立場を利用して言いくるめようとするのは、立派なパワハラだと思うんですけど」

課長「う……」

ここまでエキセントリックに上司に盾突く部下がいるかどうかはともかく、仕事のやり方を注意すると、あれこれと言い訳をはじめられるシチュエーションは、多くの方が経験しているかもしれません。

そうした言い訳でよく使われるのが、「論点のすり替え」です。自分が指摘されている行為に対して、「あの人だってやっているじゃないか」などとポイントをずらして反論するのです。よくよく考えれば、ほかの人が同じことをやっていたとしても、指摘された行為が問題であることに変わりはありません。しかし、「あの人だって……」と視点をずらされることによって、相手の反論にとっさに切り返すことができなくなってしまうのです。

反論しにくいことに論点を移されてしまうと、こちらの言いたいことが言いにくくなってしまうものです。では、このケースでは、なぜ論点のすり替えが起こってしまったのでしょうか？　Ｃ君の巧みな（？）すり替え術を見てみましょう。

✕「この言葉」に言いくるめられている！

──「このやり方をやめてしまうと、ガクッと作業効率が落ちるかもしれませんが、それでもいいんですか？」

「部下のパフォーマンスを高めるのも、上司の仕事ですよね？」

「先輩のDさんだってたまにヘッドフォンつけて音楽聴きながら仕事をしていますよ。……同じ部下の間でも差別するんですか？」

「課長だってこの前、新規の取引先との打ち合わせのとき、名刺を切らしていたことがあったじゃないですか」


このように、「音楽を聴いているせいで業務に支障をきたしている」という本来の論点から、「集中力が落ちてもいいのか？」→「上司の職務とは？」→「部下への差別の是非」と、最初は部下のC君に不利なところを論点にしていたのに、C君の切り返しによって、課長の側がどんどん都合の悪い内容に論点がすり替わっているのです。そして最後は課長自身の非を突かれたことで、感情論に……。注意もできず、ただ失態を見せてしまっただけで、上司としては最悪のケースとなってしまいました。

このように相手に都合の良い方向へ軌道修正されないためには、一体どうすればいいのでしょうか？

コツ1　「結果」に対してフォーカスする

確かに、相手の都合の良いように論点をすり替えられると、反論は難しくなります。それでも、相手の行為に明らかに非がある場合は、冷静にその非を指摘し続ければ、相手の反論は小さくなっていくはずです。そもそも相手が悪いのですから、そこを突いていけば、いつまでもだだをこねることはできません。

しかし、ここにあげた事例のように、良い悪いが微妙な問題であるとちょっとやっかいです。やっていい、やってはいけないということが明文化されていれば、行為の善し悪しを決めることは簡単です。しかし、そうではない場合はよく考える必要があります。

このケースでは、「Dさんだってやっているじゃないか」とC君が指摘しているように、社内で音楽を聴きながら仕事をすることを禁じる規則はないようです。

しかし、ほかに同じことをやっている人がいるのに、あえてC君の行為をとがめたのは、「新人の役目である電話番ができていない」「音楽が原因で仕事に集中できていない」といった根本的な問題があると上司が考えているためです。それに薄々気付いているため、C君は論点をすり替えて言い訳を始めたのです。でも、「Dさんは真面目に仕事をしているからいいんだ」とか「Dさんは君の先輩だから関係ない」と、C君とDさんの扱いが違う理由を説明するのは最悪の対応です。

「真面目ならいいというのは、ぼくが不真面目だということですか」「人によってルールが違うんですか」と、意味のない不毛な論争になってしまうからです。

論点のすり替えにつきあってはいけません。これが重要なポイントです。

C君とDさんの扱いの違いは放っておきましょう。それより、C君の基本的な仕事の成果に焦点を当て、そこに満足していないから、音楽を聴きながら仕事をすることに疑問を持っていると伝えるべきです。行為ではなく、結果に対してフォーカスするのです。

ここを押さえておけば、「Dさんは結果を出しているから大目に見てもらえるんだ」と切り返すこともできます。

コツ2　スルーしなくてはいけない場面を見極める

また、こういった明文化されていない「社会人としての基本」のようなところが論点になった場合、Ｃ君のように、「でも、あなただってこの前、新規の取引先との打ち合わせのとき、名刺を切らしていたことがあるじゃないか」というふうに、その件とは一切関係ないけれど、社会人としてはあまりよろしくない失敗をあえて引き合いに出してくる人もいます。言いがかりでしかないので、怒りたくなる気持ちはわかります。でも、ここは冷静に考えましょう。大事なときに名刺を切らしてしまったのは事実です。それに対して怒ると、今度はそれがクローズアップされてしまう危険性があります。ウィークポイントが論点になってしまう、ということです。それは避けなければなりません。

このようなとき、**嫌みは聞き流してスルーしてしまう**のも、１つの選択です。

裁判でも、つっこまれたら危ないなというポイントについては、弁護士はなるべく触れないようにします。相手に指摘されても聞き流してしまうのです。細かく反論しだすと、そこが大きな論点になって、こちらの理論が崩れてしまう危険があるからです。

しかし、多くの人は、相手に悪口めいたことや嫌みを言われると、ムキになって反論してしまいます。しかし、そこが論点となって相手が優位な立場に立つと、本来の論点までも相手に有利な状況になってしまうこともあるのです。多くの人ができていないのですが、きわめて重要なことです。

嫌みや言いがかりは聞き流してしまう。これは、適切な切り返しをするうえで重要なテクニックであることを知っておいてください。「確かにわたしも悪いし……」と真面目な方ほど真剣に受け止めてしまうものです。この場面で大事なのは、C君にきっちり注意し、行為を改めてもらうこと。そこで意見を通せずに、ほかの同僚が不満を持ち続けるケースだけは絶対に避けなくてはならないはずです。毅然《きぜん》とした態度で聞き流してもなんの問題もないのです。あなた自身の反省は、また別の機会に行えばいいのですから。

また、「パワハラじゃないですか」という指摘にも注意が必要です。

近年、パワーハラスメントは、大きな社会問題としてクローズアップされるようになりました。パワハラにあたる行為のガイドラインがまとめられていますので、一度インターネットで検索するなどして、目を通すことをおすすめします。

おそらく、多くの方が「これがパワハラになるの？」と驚かれることでしょう。普段、何気なく使っている言葉や行為がパワハラに該当する可能性があることを、目《ま》の当たりにするからです。

問題となる言動については、自分自身の日々の行いに照らし合わせて改善していかなければなりません。パワハラは相手を精神的に追い込み、ときには悲劇的な結果を招くものであるという認識は持っておく必要があります。

ただし、この問題が大きく取り上げられるようになると、何かにつけ「それパワハラじゃいないですか」と口にする人が増えてくるのも事実です。おそらく、本当にパワハラだと感じているわけではなく、多少なりとも威圧的な雰囲気が出ると、それを茶化す意味で使うことが多いのだと思います。

それに付き合って、「わたしはパワハラなんかしていない」とムキになって反論するのは意味のないことです。失敗を指摘されたときと同様、「パワハラの有無」が論点になりかねないからです。聞き流してスルーすることです。

◎「こう」切り返せば言い負けない！

では、「論点のすり替え」を用いられたときに、どう対処すればいいのか。模範解答の一例をあげておきましょう。

課長「C君、ちょっといいかな」
C君「はい、なんでしょう？」
課長「どうして仕事中に音楽を聴いてるの？」
C君「いけませんか？」
課長「うちの会社では新人が電話を取ることになっていると、最初に説明したよね。音楽を聴いているせいで、全然電話を取れていないじゃないか。それに、そのほかの仕事にも身が入っていないように見えるけど」
C君「確かに、電話番は申し訳ないので、これからは注意します。でも、僕が音楽を聴いているのは、集中力を高めるためなんです。これでも、僕なりに仕事に身を入れているつもりなのですが……このやり方をやめてしまうと、ガクッと作業効率が落ちるかもしれませんが、それでもいいんですか？」

課長「なるほど、音楽を聴いているほうが仕事がはかどるのか」

C君「ええ、それにDさんだってたまにヘッドフォンつけて音楽聴きながら仕事をしていますよ。どうしてぼくだけ注意するんですか」

課長「仕事に集中できていないように見えるから言っているんだよ。音楽が問題なんじゃない。このところ成績が落ちているし、仕事に身が入っていないんじゃないかな？」

C君「それと、これとは……」

課長「成果を上げていたら、文句は言わないよ。でも、成果が上がっていない以上、やり方を変えてみることも必要なんじゃないかな。それに社会人としての基本も大事なんだよ」

C君「社会人の基本というなら、課長だってこの前、新規の取引先との打ち合わせのとき、名刺を切らしていたことがあったじゃないですか。上司だからって基本は忘れていいんですか？」

――
課長　「やるべきことをきちんとやってくれたら、わたしも細かいことは言わない。日ごろの態度を少しでいいから考え直してもらえないかな」

C君　「わかりました……」

論点のすり替えにはつきあわない。嫌みは聞き流す――これが論点をぶらさず、こちらの意図をしっかり相手に伝えるポイントです。

●「都合のいい例」に言いくるめられないコツ
——成功者の美談を引き合いに出されたときはどうするか？

会話例——有給休暇を申請したら「オレたちの若いころは」

先輩や上司から、「オレの若いころは……」と言われた経験は誰にもあるでしょう。これは「都合の良い例」を持ち出す言いくるめるパターンの１つです。オレはおまえと同じ年のころ、もっと大変なことをやっていたんだ。だから、おまえももっと働けということでしょう。なかなか耳の痛い部分もありますが、使い方によっては部下に無理を強いることにもなりかねません。

今日も、有給休暇をとろうとした新人のＥ君が、部長に小言を言われています。ここでは、立場を変えて、若手の側に立って考えてみましょう。

E君「来月あたまの火曜から金曜まで有給休暇をとりたいのですが」
部長「4日も連続でとるのか。土日を入れると6連休だな」
E君「はい。彼女と海外に旅行に行くつもりです。しばらく有給をとっていなかったので、久しぶりに骨休めをしようと思います」
部長「ほう、豪勢なものだな。しかし、わたしの若いころには考えられないよ、有給をとるなんて。そんなもんあることすら忘れて、仕事一筋に打ち込んだものだ。今の若い連中は、仕事に身が入っていないいんじゃないか?」
E君「いえ、そんなことはないと思います」
部長「世界に冠たる松下電器、今のパナソニックだな、これを一代で築いた松下幸之助は、父親が投資に失敗して破産し、小学校を4年で中退して丁稚奉公《でっちぼうこう》をしながらお金を貯めて会社を興したんだぞ。どれだけ働いたか想像できるか?」
E君「は、はあ」
部長「時代が古すぎてピンとこないようだな。じゃあ、アップルコンピュータを創業したスティーブ・ジョブズはどうだ。彼は友人と2人でガレージから会社を始めたんだ。そこで一心不乱に仕事に没頭したからこそ、今やアップルはこれほどの会社になったんだぞ」

E君「それは、ぼくも知っています」

部長「若いころ、どれだけ働いたかで人生が決まるんだ。仕事も遊びも両立しようなんて生半可なことをしていたら、どんどん置いていかれるだけだぞ」

E君「ですが……」

部長「君の先輩のFだって、有給なんて使わずにがんばってきたから、うちのエースと呼ばれるまでに成長したんだぞ。少しは見習ったらどうだ？」

E君「Fさんのことは尊敬しています」

部長「どうだ、まだ有給なんてとりたいと言うのかね。君の仲間が忙しく働いているときに、きみはのんびり海外で羽を伸ばすことができるのかね」

E君「わかりました。もう、けっこうです……」

せっかくの海外旅行も、松下幸之助氏とスティーブ・ジョブズ氏という偉大な2人の先人たちのせい（?）で、立ち消えになってしまいました。ここまで露骨ではなくとも、こういった都合のいい例を持ち出されたために、言いくるめられてしまうことは少なくないと思います。
（念のため、弁護士の立場から言わせてもらうと、有給休暇は労働者に認められている権利ですから、その取得を理由なく阻害する行為は法律に抵触する可能性もあります）

✕「この言葉」に言いくるめられている！

では、E君はどの言葉に言いくるめられてしまったのでしょうか？　松下幸之助氏とスティーブ・ジョブズ氏の例はわかりやすいですが、それ以外にもこういった言葉には注意する必要があります。

「わたしの若いころには考えられないよ、有給をとるなんて。……今の若い連中は、仕事に身が入っていないんじゃないか？」

「松下幸之助は、父親が投資に失敗して破産し、小学校を4年で中退して丁稚奉公をしながらお金を貯めて会社を興したんだぞ。どれだけ働いたか想像できるか？」

「君の先輩のFだって、有給なんて使わずにがんばってきたから、うちのエースと呼ばれるまでに成長したんだぞ。少しは見習ったらどうだ？」

このケースでは、有給休暇をとろうとする若手社員に対して、部長は成功者の例や自分の若いころ、ほかの若手社員の例を引き合いに出し、若いときに一心不乱に働くことの重要性を説いています。

やっかいなのは、一心不乱に働くことの意義や成功者の苦労したエピソードなどは、確かにその通りで正しいことが多いということです。このような例を持ち出されると、うなずくしかないですよね。まるで自分が悪いことをしているかのような気にすらなってくるでしょう。

しかし、考えてみれば、成功者の例も、本人の若いころの話も、ほかの人の例も、都合のいい部分を引っ張り出しているだけかもしれません。

では、この場合どう切り返せばいいのでしょうか？

コツ1　まじめな人ほどはまる罠に気付く

成功者はパワフルで、エネルギーの高い人が多いです。それでも人間ですから、どこかで息を抜いたり、さぼったりしたはずです。しかし、語り継がれるエピソードはどうしても美談が多くなりがちで、マイナスイメージになるようなものはなかなか残っていかないものです。

本人の若いころの話も同様です。記憶は美化されていますから、がんばった部分だけが増幅され、失敗したり、息を抜いた部分は封印される可能性が高いです。

「都合の良い例」を持ち出して言いくるめようとする人に対しては、それはそれで正しいけれど、**それとこれとは別の話と割り切って聞く**ことです。

なかには、「それに引き換え君は」といった調子で嫌みを言う上司がいるかもしれません。そんな嫌みはあえて聞き流して、とりあわないようにすることも大切です。

成功者の例は、自分で自伝やビジネス本などを読んで勉強し、感銘を受ければ自己啓発になります。しかし、人から「そうしなければいけない」と押しつけられるようなものではないはずです。

上司の中には部下を諭《さと》すのが好きで、話の端々《はしばし》に成功者の例や自分の若いころのエピソードをちりばめ、「君はまだまだなっていない」と、暗に思い知らせようとする人もいるでしょう。その場合も「へえ、そんなことをしたのか。すごいな」と思う部分だけ頭にとどめて、あとはスルーしてしまえばいいのです。

何が大切で、何が大切ではないかを判断するのは、他人ではなく自分であるべきです。いい話であれば、自分の判断で参考にすればよいのです。

コツ2　「自分とは違う」理由をつくっておく

この例のような、有給休暇の取得や、そのほかにも明らかに多すぎる業務を任されたりするときなどに大切なことですが、「普段の態度で示す」ことも忘れてはいけません。上司としては、仕事をほおりだして休暇をとられたら、同僚に迷惑がかかったり、会社に損失を与えかねないと考えるのが普通です。

有給休暇をとることをしぶる上司の懸念は、業務に支障が出るかもしれないというところにあるのです。それも理解すべきです。

有給休暇を滞りなく消化したいのであれば、普段からきちんと仕事をする姿勢を見せ、休暇をとる際には迷惑がかからないような段取りを周りに示して安心させる努力も必要になるでしょう。

日ごろの仕事に取り組む姿勢は、こういうところに表れるのです。期待通りに働く部下に対しては、上司もそうそう無理難題を吹っかけることはないはずです。

◎「こう」切り返せば言い負けない!

都合のいい例を持ち出されて、言いくるめられそうになったときの対応の模範解答を示しておきましょう。状況によって対応の仕方は違うと思いますが、参考にしていただければと思います。

E君「来月あたまの火曜から金曜まで有給休暇をとりたいのですが」
部長「4日も連続でとるのか。土日を入れると6連休だな」
E君「はい。彼女と海外に旅行に行くつもりです。しばらく有給をとっていなかったので、久しぶりに骨休めをしようと思います」
部長「ほう、豪勢なものだな。しかし、わたしの若いころには考えられないよ、有給をとるなんて。そんなもんあることすら忘れて、仕事一筋に打ち込んだものだ。今の若い連中は、仕事に身が入っていないんじゃないか？」
E君「いえ、そんなことはありません」
部長「世界に冠たる松下電器、今のパナソニックだな、これを一代で築いた松下幸之助は、父親が投資に失敗して破産し、小学校を4年で中退して丁稚奉公をしながらお金を貯めて会社を興したんだぞ。どれだけ働いたか想像できるか？」
E君「は、はあ」
部長「時代が古すぎてピンとこないようだな。じゃあ、アップルコンピュータを創業したスティーブ・ジョブズはどうだ。彼は友人と2人でガレージから会社を始めたんだ。そこで一心不乱に仕事に没頭したからこそ、いまやアップルはこれほどの会社になったんだぞ」

E君「それは、ぼくも知っています」

部長「若いころ、どれだけ働いたかで人生が決まるんだ。仕事も遊びも両立しようなんて生半可なことをしていたら、どんどん置いていかれるだけだぞ」

E君「周りに迷惑をかけないように、仕事は先回りして片づけてあります。取引先との予定も、旅行から帰ってからにセッティングしていますし、段取りはすべてつけてあります」

部長「君の先輩のFだって、有給なんて使わずにがんばってきたから、うちのエースと呼ばれるまでに成長したんだぞ。少しは見習ったらどうだ？」

E君「Fさんのことは尊敬していますし、ぼくの目標です。Fさんに聞いたら、1年365日すべて働くことはできないとおっしゃっていました。仕事をするときは一生懸命仕事に打ち込み、遊ぶときは遊びに一生懸命になる。そのメリハリが大事だと。ぼくもそれを見習いたいと思っています。それに有給をとることは認められていますよね」

部長「まあ、とってはいけないということではないが……」

E君「ありがとうございます」

こんな物わかりのいい上司ばかりではないと思いますが、ポイントは普段の態度です。成果を上げている人間に対しては、無理な要求はできないもの。「都合のいい例」は、聞き流すくらいでちょうどいいのです。ムキになって反論するのは、よくない結果をまねきますから、注意しましょうね。

第４章

思わず相手も首をタテにふる！

自分の意見の「正しい伝え方」

さて、ここまで、自分の意見や言い分を伝える以前に、そもそも言いくるめられないための守りとなる技術をお伝えしてきました。

しかし、コミュニケーションでは、できる限り自分の求める行動を相手から引き出すことを目標にしたいものです。立場などどうしようもない要因もありますから、100％自分の言い分を押し通すことはむずかしいでしょう。それでも、自分の意見を伝えて、相手の行動を促すことができればいいですよね。

自分の意見をしっかり伝えられたという達成感があれば、たとえ思ったような結論は引き出せなくても、「伝えきれなかった」と後悔している場合とは異なる納得感が得られます。交渉は相手があることですから、常にいい結果を手にできるとは限りません。しかし、どのような結果になろうとも、最善を尽くしたと自分が納得できれば、一定の満足は得られるものです。

「満足感を得られる交渉」を行うには、自分の意見を相手に伝える「正しい方法」を知ることが重要です。この章では、そんな、自分の意見を正しく相手に伝えるための技術についてお話ししましょう。

相手に「伝わる」ための最も基本となる原則とは？

自分の意見を相手に伝えるうえで、最も基本となるのは「自分の意見を伝える」よりも「相手に伝わる」ことを優先しなければいけない、ということです。いくら言いたいことをしゃべったとしても、その言葉を相手がまったく理解していなければ、なんの意味もありませんよね？

なぜ、そんな当たり前の話をするのかというと、**交渉などのコミュニケーションを自分のペースで進めたいという思いが強すぎると、気持ちが空回りして、失敗してしまうことが多々ある**からです。

たとえば、自分にしかわからない言葉で話したせいで失敗した経験、ありませんか？

次の会話を見てください。製薬会社で営業として働くSさんが、取引先の相手に商品の説明をしている場面です。

Sさん　「これはロコモ対策用に開発されたもので、コラーゲン低下を防ぐサプリが配合されています」

お客　「はあ。ロコモですか……」

Sさん　「ロコモ対策にはコアを鍛えることも大事ですが、やはり栄養面から見ていくことも重要で、なかでも効果的なのがコラーゲンペプチドなんです」

お客　「はあ、なるほど……」

Sさん　「で、今回おすすめしたいのがコラーゲンペプチド配合のサプリ『コラチド』なんです。同じようなサプリは他社からも出ていますが、弊社の『コラチド』は……」

Sさんは、これはいい商品だから、特徴を紹介すれば相手は当然、興味をもって聞いてくれると思っています。ですが、この説明で相手が興味をもって聞いてくれることは、まずありません。

なぜなら、説明もなく、専門的な単語を並べ立て、それを相手が理解しているかをまったくみていないからです。

専門用語や新しい言葉を使うのが、悪いわけではありません。相手もその言葉を知っていれば、話も早く進められます。しかし、**ある言葉を使ったとき、相手の反応が鈍く、その言葉を知らないようであれば、言葉を置き換える、別の角度から説明するといった配慮が必要**です。

そのためにも、話をするときは、常に相手の反応を見ることが大切です。相手がいかにも納得した顔でうなずいていれば、話を理解していると考えて良いでしょう。

しかし、「はあ」とか「そうですか」などと曖昧《あいまい》な相槌《あいづち》を打つようなら、話の内容についてこられないのかもしれません。そういうときは話を先に進めず、「ロコモという言葉はご存じですか」などと確認します。

「知りません」「聞いたことはある気がしますが」などと言われたら「ロコモ」の説明から始めて、相手が「なるほど！」と理解したら、話を先に進めればいいのです。

専門用語、「伝わる・伝わらない」のラインを見極める確かな方法

人に自分の意見を伝えるときは、「相手がわかる言葉」を使うことが大前提とお話ししました。そのため、専門用語など、どのくらいまで使って平気なのか、悩む方も多いと思います。では、相手がわかる言葉とは、どんな言葉でしょう。

たとえば、小学生に憲法について説明するシチュエーションを考えてみてください。「国民主権」も「平和主義」も理解するどころか、まだ聞いたこともないかもしれません。そんな相手には、いったいどんな言葉で説明すればいいのでしょうか?

次の例文に、そのヒントが隠れています。

「みなさん、国ってわかりますか?」

まずは探りを入れていきます。

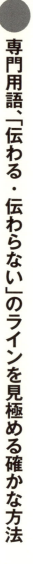

「日本！」「アメリカ！」「フランス！」

元気な声が返ってきました。

「そうですね。憲法っていうのは、その国の一番大事な決まり事で、ほとんどの国にあるんですよ」

「へえ」「オレ知ってる。戦争しちゃいけないんだぜぇ」「うそぉ」

それを待っていました。

「そう、よく知っているね。日本の憲法は、平和主義といって戦争をしないと約束しているんだ」


そう、相手のレベルを知る最も確実な手がかりとなるのは、「相手の使う言葉」なのです。1人の子が「戦争しちゃいけないんだぜ」と言ったことをきっかけにして、まず平和主義から話していますよね。

わかりやすいように極端な例をあげましたが、どんな場面でも基本は同じです。聞き手が口にする言葉をヒントにして、レベルを推測し、それに合わせた話をする。正しく確実にこちらの話を伝えるために、心がけるべきことです。

ゆっくり話すのは「最初の一言」だけでいい

人前で話すのが苦手な人は、つい早口になってしまいます。緊張と早く終わらせたい一心で、早くしゃべってしまうのです。

気持ちはとてもよくわかります。ツッコミをいれられたくない。「その話おかしいよ」と言われたくない。「そこ、わからないんですけど」と質問されたくない。話をしている間も不安で、一気に話し終えようとするのでしょう。

しかし、早口で話すほど、言っていることが相手に伝わりにくくなります。

なぜ、早く話すと理解しづらくて、ゆっくり話すと理解できるのか？　それは、ゆっくり話すと、聞き手に時間ができて、話の内容を考える余裕ができるからです。

考える時間のない早口のトークは、あなたの話を吟味し、味わう余裕がありませんから、話そのものがつまらなく感じられます。しまいには、聞く気も失せて、「もう、いいや」

という気になり、完全に集中が途切れてしまうでしょう。結果として、あなたの話は相手の頭にまったく残りません。

ですので、自分の話を正確に相手に伝えようとするなら、ゆっくり話すことを心がける必要があります。そうは言っても「そんなの、緊張して無理！」という方も多いかと思います。そんな方におすすめしたい、とっておきの方法があります。

それは、話の出だしだけ、つまり「最初の一言」だけゆっくりと話すようにすることです。最初が早口だと、聞き手ははじめから乗り遅れてしまいます。それだけで興味は半減です。

また、相手が別の場所から移動してやってきた場合、まだ頭が切り替わっていないこともあります。気持ちがほかのことに向いているかもしれませんので、特に最初の一言はゆっくり話すことが大事なのです。

最初さえゆっくりこぎ出せば、あとはアクセルを踏んだり、ブレーキをかけたり、意外と自在に緩急をつけることができるものです。なので、ずっとゆっくりなんて耐えられない、という人は、まずは「最初の一言」だけゆっくり話すことから始めてみてはいかがでしょうか。

なぜ、本番では準備した情報の9割を「割愛」すべきなのか?

限られた時間の中で、あれもこれもと話を盛り込むと、その話は伝わらなくなるものです。聞き手が処理できる情報量には限りがあります。また、情報を全て伝えたいがためにあまりにまくしたてられると、聞き取るのが億劫《おっくう》になり、聞き手は置いていかれた気分になるからです。これでは、せっかくがんばって時間内に情報を詰め込んでも、その発表に興味や好意を持ってもらえません。

こういった失敗は、真面目な人にほどよくあるものです。こちらの意図を正確に伝えないと、相手は正当な判断を下せないかもしれない。だから、すべての情報が大切で、どれも抜くことはできない……。そんながんばりが失敗の原因になっているケースも多いでしょう。

わたしは何かを発表するとき、大事なことを1つだけ決めます。そして、「今日はそれ

だけ伝わればいい」と思って話をします。

「説明が足りないのでは」と心配する人もいるかもしれません。しかし、そんなことはありません。心配は無用なのです。

基本的に、そういった発表の前には、口頭だけでなく、詳細な内容を後で読めるような資料も準備しているでしょう。それなら、伝えるべき内容の中で、大事なことだけを口頭で伝えておけばいいのです。それで相手が興味を持ってくれれば、あとでその資料を自分から読んでくれるものです。

では、どうやって、たったワンポイントで、相手に興味を持ってもらうのか？　それについては、ワンポイントに絞った時点ですでに解決しています。

というのも、大事なことに最も時間をかけて話し、相手の理解が足りないようなら何度でも繰り返し説明すれば、これが「大事な話」であると相手に伝わるからです。相手も「これだけは理解しよう」という気持ちになります。話をシンプルにするによって、聞き手の負担を軽減し、絞り込んだ話題に集中してもらうのです。

話題を絞り込めば、それだけ理解されやすくなります。「最も大切なこと」に集中して、それを相手に理解してもらう。このことに全力を傾けましょう。

「どれも大事だから絞れない」ときでも情報を圧縮できるコツ

「大事なことを1つに絞る」といっても、何が大事なことかわからないという人もいるでしょう。言いたいことは、たくさんある。どれも大事だから、1つに絞ることなどできない。そう考えると、前項で話したように、あれもこれも説明しようとして、結局、相手に伝わらない話しかできなくなってしまいます。

大事なことを1つに絞るには、自分に制限を課すことです。

たとえば、商談時間が30分あったとしても、「もし自分に与えられた時間が3分だったら何を話すか」と考えてみるのです。3分という限られた時間の中で何を伝えなければいけないか。そう考えていくと、自然とムダな情報はそぎ落とされ、最低限これだけは伝えなければいけないというものが残るはずです。それが、「最も大事なこと」です。

「情報を1つに絞る」というのは、自分の頭の中を整理する訓練にもなります。「最も重要な情報はこれだ」と見きわめることができれば、そのほかの情報もおのずと優先順位が決まってくるはずです。「伝えなければならないのは、このポイントで、この情報とこの情報はそれを補足するもの。時間があれば、ここまで伝えよう」と話の段取りもつけやすくなるでしょう。

ビジネスの世界では、よく「企画書は一枚で書け」と言われますが、これも自分に制限を課すことで、本当に大事なことを浮き彫りにするのが目的だといえます。

ふだんから、伝えるべきポイントを抜き出し、優先順位をつけることを心がけていれば、「伝え上手」に一歩近づくことができますよ。

●オーバーなプレゼンは恥ずかしい……という人でも聴衆を引き込むワザ

スティーブ・ジョブズ氏をはじめ、大きな身振り手振りと感情を込めた抑揚のある話し方でつくり出される「欧米式のプレゼン」は、見事なものです。

彼らは決して、常に同じ調子で話していません。声に強弱をつけたり、話が山場に近づくとあえてゆっくりと話したり、話の調子を変化させて聞き手の注目を集めています。

こうした、話し方や声量、声のトーンでメリハリをつけて伝える方法は、相手に集中して聞いてもらうための重要なテクニックです。話を聞いてもらうときは、場合によっては話の内容そのものよりも、そうした話し方で内容の善し悪しを判断される場合もありますから、できる限り、見習えるところは見習いたいものですよね。

しかし、シャイな日本人にしてみれば、いくら優れているとはいえ、彼らのようにまるで何かの役を演じているかのようにプレゼンするのを、そのままマネるのは恥ずかしいという方も多いと思います。

そこで、誰でもできる簡単なメリハリの付け方を１つご紹介します。

それは、**「沈黙」を活用する**ことです。

たとえば、小学校の教室で生徒がうるさく騒いでいるとき、先生が大声で「静かにしなさい！」と怒鳴っても、なかなか静かになりません。ところが先生が怒鳴るのをやめて、急に黙ると、生徒は「何が起きたんだろう」と不思議に思い、騒ぐのをやめて先生に注目します。**急な沈黙は、それまでの空気を一変させ、相手の集中をこちらに向ける効果があるのです**。

この方法はわたしも使っています。大学などで行っている講義で、これから重要なポイントを話そうとするとき、いったん話を止めて3秒ぐらい沈黙します。おもむろに教壇に置いてある水を飲んでもいいかもしれません。すると、受講者は「これから何が始まるのだろう」と注目します。そこで大切なポイントを話すのです。

どうですか？　簡単なことでしょう。商談でも、ここだけはしっかりと聞いてもらいたいポイントに入るときには、いったんしゃべるのを止め、出されたお茶を一口飲み、一息つく。ぜひ、試してみてください。その空白の時間が、相手の注目を引きつけるのです。

数百人を前にした発表でも、わたしが緊張しなくなったワケ

人前で話すのは不安でしょう。相手にこちらの意見を正しく伝えようと思えば、さらにプレッシャーがかかり、ますます口が回らなくなるものです。するどいツッコミを入れられたらどうしよう。意地悪な質問にはどう返答しよう。相手が興味を持ってくれなかったら、どんな対応をしよう。不安がますます募る……。

大丈夫です！　不安や緊張を和らげるとっておきの方法をご紹介しましょう。

まず、あなたの前にいる人をながめてください。何人いますか？　3人？　5人？　10人？　それとも数十人、数百人単位の講演会か発表会？

相手が何人でもいいんです。あなたが相手にするのは、たった1人なのですから。

目の前にいる人たちに、まず挨拶《あいさつ》をしてみましょう。落ち着いて、はっきりと。みんながあなたに注目していますす。

よくみんなを見てください。中に、**真剣な表情で、あなたを見つめ、あなたの一言一言にうなずいてくれる人がいませんか？　きっといるはずです。まずは、この人のために話をするのです。この人のためだけに、です。**

あとの人のことは、そのときは考えなくてもかまいません。目の前の一人に集中するのです。

その人は、あなたの話に真剣に耳を傾けてくれています。ちゃんとうなずいてくれます。ちょっと微笑《ほほえ》みかけてみましょう。その人も、微笑んでくれるはずです。

どうです？　これならできそうですよね！　あなたの話を真剣に、そして楽しんで聞いてくれる人がいる。その人に、あなたの思っていることを伝えるだけです。不思議なことに、その話し方をすると、ほかの人たちにも伝わっていきます。

これはわたしが講演会などで、いつも使っている方法です。

講演会など大勢が集まる場には、いろんな人が集まってきます。緊張して表情が硬い人もいれば、わたしの話にほとんど反応しない人もいます。逆に最初からリラックスして、話にすぐに反応してくれる人もいます。そんな人たちの中から、一番ニコニコしている人を探します。そして、その人に向かって話すのです。

何を話しても楽しそうに聞いてくれるので、こちらも気持ちよく話せます。気持ちよく話しているうちに、こちらもリラックスして話せるようになります。そうすると喜んで話を聞いてくれる人がどんどん増えていきます。

こちらは1人に向けて話しているのですが、周囲はまったく気づきません。全体を見て話していると思っています。逆に全体を見ながら話そうとすると、キョロキョロして目が泳いでいるように見え、自信なさげに映ってしまうものです。

これは、話す相手の中に「味方」を見つける方法といえます。不安や緊張がこみあげてくる中で、相手方に「味方」がいることがどれだけ気持ちをラクにしてくれるか。もちろん、勝手にこちらがそう思い込んでいるだけなのですが、話しているうちに本当に味方のように思えて、その人をもっと楽しませたい、もっとうなずかせたいと話す意欲が高まってくるから不思議です。

「うなずきながら真剣に話を聞いてくれる人なんているだろうか」と思うかもしれません。でも、落ち着いて探せば、必ずいます。あなたは、その人と対話をするつもりで話をすればいいのです。

第5章

この7ステップで不安が消える！

意見を通せる人が「交渉前」にしていること

コミュニケーションや交渉が苦手な人は、上手な人を見て、「才能があるからだ」と思っているかもしれません。でも、それは違います。交渉を上手にまとめられる人は、見えないところでこっそり準備をしているものです。

ここまで、交渉の本番でのテクニックやポイントを説明してきました。当然ながら、ハードな交渉であればあるほど、納得のいく結論を引き出すのは難しくなります。そこで大事になってくるのが、交渉が上手な人が陰で行っている備えを知ることです。

この章では自分の意見をいつも通せる人が行っている「交渉前」の準備についてステップ形式で紹介します。これまで、特にこれといった準備をしてこなかった人でも、この順番で備えていけば、満足な結果を得られるはずですよ。

STEP 1

「最悪のパターン」と「最高のパターン」をイメージする

交渉が苦手な人というのは、交渉が下手というより、「理想が高い人」とも言えます。

その場で全部うまくいかないと、「ダメだった」と思ってしまう。だから全部うまくやろうとして、しゃべり過ぎてしまう。結果、余裕がなくなって、思い通りの交渉ができなくなるのです。

それを避けるには、「今日の商談はどこまで進めばいいか」というゴールをあらかじめ決めておくことです。それも1つではなく、「たぶん、これぐらいだろう」と予想できるパターンに加え、「こうなったらおしまいだ」という最悪のパターンと、「もし、こうなったら素晴らしい」という「最高のパターン」も想定しておくのです。

普通のパターンしか想定していないと、商談が思ったように進まないと動揺してしまいます。しかし最悪のパターンを想定していれば、そうなりそうなら事前に修正できますし、たいていの場合、そこまでは行かないものです。はかばかしい結果が得られなくても、「最悪のパターンは免れた」と思えば気も楽になります。

経験が積まれてくると、９割ぐらいは「たぶん、これぐらいだろう」と予想した通りのケースに落ち着くものです。ただし、そこは相手のあることなので、１割ぐらいは最高の結果になったり、最低の結果になったりもします。裁判でも、１割程度は最悪もしくは最高のパターンになりますが、たとえ最悪のパターンでも「これも想定の範囲内だから」と思えれば、「次（控訴審）が勝負だ」と余裕を持って考えられます。

また、交渉は基本的に、入学試験のように一発勝負ではありません。「長期戦」と考えるべきです。「何回目でどこまで進んで、何回目で決まればいい」ぐらいに考えればいいのです。裁判も短いものは数回で終わりますが、長いものは十回以上かかります。

そこで終わる時期についても、あらかじめ予想を立てておきます。「これは半年ぐらいかかるかな」「でも、うまく行けば3カ月でいけるかもしれない」「最悪3年は見ておいたほうがいいかな」などと、これもまた「最高と最低も含めて想定」しておけば、必要以上にあせることもなくなります。

STEP2

「絶対に」譲れないラインを明確にする

先ほど、まず「最高」と「最悪」をイメージしておくことが大事だと伝えましたが、**交渉で一番まずい最悪のパターンは、絶対に譲れない部分を譲ってしまうことです。**

たとえば価格交渉で「10％のプライスダウンまでは認められるけど、11％は何があっても絶対にダメ」といったケースで、11％の値引きを認めてしまうような状況です。この「絶対ダメ」な部分を譲ってしまうと、会社の代表として臨んでいる交渉であれば、場合によって会社にとてつもない損害を与えることにもなりかねません。

逆に言えば、交渉では絶対に譲れない部分を設けて、そこさえ譲らなければ完全な失敗ではなかったことになります。たとえ相手に押し切られているようでも、「絶対に」の部分を譲っていないと思えば、気持ちに余裕が生まれ、完全な敗北感を抱かずにすみます。

事前に、絶対に譲れないラインを明確にしておくことが、非常に大事なのです。

人間、不思議なもので、「絶対に」という強い思いがないと、ついポロッと口に出してしまうことがあります。相手の迫力に押され、つい「わかりました」とOKしてしまうのです。

政治家の失言を見ているとよくわかります。われわれから見ると、「こんなことを言ったら問題になって当然だろう」と思うことを、つい言ってしまう。これは「絶対に」というラインが、その政治家の中で明確になっていないからだと思います。そこで、「これぐらいならいいか」と勢いにまかせて言ってしまう。「このことは絶対に言ってはならない」と思っていれば、どんな場でも口にすることはありません。

ただ、政治家の例のように、この「絶対」のラインを自分の中だけで判断しようとすると、基準を明確に定めるのが難しく、ぶれてしまうこともあります。

そこで、**この「絶対」を揺るぎないものにするコツとして、会社であれば上司に確認しておくことが有効です。**自分で「これぐらいだろう」と思っても間違っている場合があります。ですが、別の人である上司から「これ以上はNG」といわれれば、自分ではどうすることもできません。こうすれば、より明確に、「絶対」を強く自覚できるというわけです。

STEP3

交渉で話す「表の物語」をつくる

ここまでで、「絶対に譲れないライン」を明確にすることで、最悪のケースを事前に想定することができているかと思います。しかし、この「絶対に」のラインを守るには、ある準備が必要です。

それは、そのラインの妥当性を示す「表《おもて》の物語」を描いておくこと、です。

「表の物語」とは何か？

そもそも、絶対に譲れないラインを設けるまでは、意外と多くの方が実践されているかもしれません。しかし、そういった方の中には、交渉中に「なぜそこは譲れないのですか？」と聞かれて、明確な理由がなかったがために、しどろもどろになってしまう方もいるのではないでしょうか？

このような失敗を避けるためにも、「絶対」が「絶対」である理由が不可欠なのです。

しかし、社内で決めたこの「絶対に」のラインは、本当はまだゆとりのあるものである場合もあります。というより、不測の事態に備えて、基本的に「絶対に」と言いながらゆとりをもたせているケースがほとんどだと思います。「実際は11％まで値下げしても大丈夫だけど、この会社には10％を『絶対に』のラインにする」ということもあります。

本当は11％でもＯＫなのに、「10％以上は絶対に譲れない」と相手を突っぱねるには、そのための理由をつくっておく必要があります。本当の理由とは違ってもよいので、「表向きの理由」をつくるのです。

そういった表向きの理由からつくられる「表の物語」、つまり「表向きの物語」とはなんでしょうか。それは、**最初から最後まで整合性がとれていて、どこからつつかれても破綻《はたん》しないロジックのことです。さまざまな角度から5回、10回聞かれても、同じストーリーで答えられる、合理性のある物語です。**

なぜ、そこまで備えるかというと、最初はそれらしい理由を示していたのに、別の話をしたときに、その理由とは矛盾することを言ってしまう場合があるからです。そのほころびは、けっこう痛いです。それに何より、「この人の話はなんだかあやしいな」「この人は信用できないぞ」。たった一点のほころびから、話しをしている本人まで、その信用性の薄さが飛び火してしまう危険があるからです。

中には、真実とは違う「表向きの物語」というと、不誠実で後ろめたく思う人もいるかもしれません。でも、そんなことはありません。組織には、商売上、外には言えないことがあるものです。株主総会での報告なども表の報告で、会社の内情を洗いざらい言っているとは限りません。うそをついてはいけませんが、客観的な数字や事実と整合性がとれる部分で「表向きの物語」をストーリーとしてつくることがビジネスではあります。

交渉も同じです。何度聞かれても、同じロジックで話せるから、相手にとって厳しい内容でも相手は信用するのです。だからこそ事前に「表の物語」をきちんとつくり、あたまにたたきこんで交渉に臨むことが重要になるのです。

STEP4

「自分への質問」で発表内容をチューンナップ

会議で自分が意見を述べる、あるいは企画を提案する。こういうことが苦手な人は少なくないようです。単に話をするだけならまだしも、たいていは質問が飛んできて、これに受け答えしなければならない。それが苦痛だということのようです。

質問に答えられず、黙ってしまう自分の姿を想像するだけで、嫌になる人もいるかもしれません。質問者に責められ続け、ついには質問者に言いくるめられてしまうこともありえます。

そこで「表の物語」がある程度固まったら、今度は、プレゼンや会議の場に参加する相手の気持ちになって、自分の発表に対して自分で質問をしてみましょう。

といっても、普通の人では思いつかないような点にまで意識を巡らす必要はありません。「根拠となる数字」や「成功事例」といった、だれにでも思い浮かぶような疑問をみつけて、答えられるようにしておけばよいのです。それだけで、８～９割の質問には対応できるはずです。

というのも、**会議やプレゼン本番で初めて目にした人にしてみれば、それほど熟考する時間はなく、さほど深掘りするような疑問をぶつけられる人はいない**からです。逆に言えば、普通に考えていくだけで、８～９割の質問を想定できるということです。**質問を想定するわずかな手間さえ惜しまなければ、たいていの質問には対応できる**のです。

重要なのは、「事前の準備」です。あらかじめどんな質問が出てくるかを想定し、答えを用意しておきましょう。そうすれば、本番であわてることはありません。「やはりこの質問が来たな」と落ち着いて受け止めることができ、自然な態度で回答できるはずです。ときには、驚いたような態度を示してもいいでしょう。そのあと、堂々と答えていけば、臨機応変に仕事ができる人と思われ、社内での評価も上がるはずです。

STEP5

応援者を生み出す「根回し」をする

交渉を自分の望む方向に進めるには、事前の根回しも重要です。「根回し」と言うと、裏でお金を渡して便宜を図ってもらうといった、嫌なイメージをもたれがちです。しかし、本来、仕事では誰もがやるべき当然の「段取り」です。

たとえば企画会議で、自分の企画を通したいとき、いきなり「この企画をやりたい」と言っても、通る確率は高くないでしょう。

どうしても通したい企画であれば、事前に同僚や先輩、上司などに「こんな企画を考えているのですが……」と相談しておくことです。これは立派な根回しです。

相談された相手は、「この企画は、ちょっと難しいんじゃないかな」と客観的な意見をくれたり、「ここは、もっとこうしたほうがいいんじゃない？」などとアイデアを出してくれるかもしれません。そのうえで会議で提案すれば、相談された人は、「ああ、あの件か」

と思い、応援したくなるものです。それが自分のアドバイスを踏まえて修正されていたら、なおさらでしょう。

事前に考えを伝えることで「応援者」をつくっておくのです。人間は、知っている人や知っている内容ほど、応援したくなります。逆に初めて見るもの、初耳のものには拒絶反応が起きやすいものです。あらかじめ知っておいてもらう、慣れておいてもらう。それだけで、結果はずいぶん違ってきます。こうした段取りは、「接触」を事前につくることで、相手の心のバリアーを取り払う作業とも言えます。

一緒に食事をしたときなどに、ちょっと話してみるだけでもいいのです。いざ会議になったときに必ず役立ちます。

日ごろからこうした「根回し」を習慣にしていれば、取引先との交渉でも、自然にできるようになります。同業他社なら、その会社に知り合いがいる場合もいるでしょう。その人と会ったときに「今度、この人と仕事をすることになったんだけど、知ってる?」と聞いてみるのです。「ああ、知ってるよ。今度、言っといてあげるよ」などと言ってくれるかもしれません。

自分から「よろしく言っておいてよ」と頼んだのでは、いやらしい印象になりますが、向こうから言ってくれるとありがたいですよね。実際にその相手と会ったとき、相手はこちらに親しみを感じてくれれば、スムーズに交渉を進められる可能性も高くなります。どの人にどのように言えばいいかは慣れもあります。社内でも普段からやっておくことで、社外の人相手にも勘が働くようになってきます。

ある優秀な営業マンは、取引先の担当者が代わった場合、前任の担当者のところへ必ずねぎらいがてら挨拶に行くといいます。これまでお世話になったことに対する感謝の気持ちを伝えるのが大きな目的ですが、それだけではありません。自分が担当者のとき話せなかった内部事情も、担当でなくなれば打ち明けてくれることが多いからです。

そのような人間関係を培っておけば、新しくプッシュしたい商品を売り込もうとするときも、事前に「今度、これを押そうと思ってるんですけど」と相談してみると、「ウチはいま、その手のものはダメだよ。去年失敗してるからね」と有益な情報を教えてもらえることも少なくないといいます。

弁護士の仕事でも、できる人は上手に段取りをします。たとえば1審は別の弁護士が担当していた仕事を、控訴審から担当することになったとします。その場合、できる弁護士は、1審の担当弁護士に話を聞きに行くでしょう。その弁護士は、控訴審で外された人です。でも、だからといって敵対関係になろうとする必要はありません。頭を下げてでもお願いに行くべきなのです。

その案件について、一番情報を持っているのは1審を担当した弁護士だからです。依頼者のためにも、その弁護士に協力してもらえる関係を築くことが大切です。頭を下げて聞きに行けば、いろいろなことを教えてくれるものです。

話すのが苦手、根回しするのは荷が重いという人でも、仕事を進めるために必要な範囲で顔見知りをつくる、というスタンスなら、できるのではないでしょうか。人はしゃべり好きで、教え好きなものです。**ビジネスに役立つ情報を得ようと考えていなくても、人と会う時間をつくることで、思いのほか、いい情報が得られるものですよ。**

STEP 6

絶対に伝えることをまとめた「台本」をつくる

緊張しやすい人は、本番でなかなか思い通りに進められなくなるようです。今日はこのことを伝えるつもりだったのに、緊張して言い忘れてしまった、ということもあるでしょう。

このような失敗をなくすには、**伝えなければならないことを、あらかじめ「リストアップ」しておく**ことです。

リストアップをする際には、その**内容に優先順位をつけておく**こともおすすめします。伝えるべき内容には、重要度のレベルがいろいろあるからです。リストアップしたものを見比べて、「絶対に今日伝えなければならないもの」と「余裕があって、伝えられればベターなもの」に分けておくのです。

あれもこれもと考えていると、伝えきれないことが出てしまいます。あせって言わなくてもいいことまで口にして、自滅する危険もあります。しかし、事前にリストアップして「重要度」も分けておけば、仮に全部は伝えられなかったとしても「最低限は伝えられたので、よしとしよう」と思うことができます。

当日は、リストアップしたものを書き出して持っていくわけですが、わざわざ専用の資料をつくる必要はありません。元々使う予定だった資料の隅にでも書いておけば、十分です。「絶対に今日伝えなければならないもの」には、丸印などを付けておき、伝えた順にチェックすれば、伝え忘れる心配はありません。

ここで大事なのは、頭で考えるだけでなく、「実際に紙に書く」ことです。頭で考えただけでは、しゃべっているうちに忘れてしまうこともあります。「昨日考えてたのに、あれ思い出せない」ということになりかねません。これであせってしまうと、おかしな方向に話を進めてしまうもとにすらなります。

紙に書いておけば、忘れても、その場でみれば思い出せます。「忘れてはいけない」というストレスも無くなるので、目の前の交渉に集中することもできますよ。

STEP7

本番で緊張しなくなる「イメージトレーニング」を行う

事前に準備をしていても、本番になると緊張して思うように話せない。そんな人は、本番に向けて、イメージトレーニングしておくことをおすすめします。

実はわたしも学生のころは話すのが苦手で、ちょっとしたことで緊張しました。それが緊張しなくなったのは、あらかじめイメージトレーニングをするようになったからです。

まず、事前に本番はどんな場所で何人を相手に話すのか、情報を仕入れておきます。

たとえば結婚披露宴のスピーチを頼まれたときです。招待客は何人か、客層はどんな人たちか、どんな会場か、スピーチする順番は何番目か、何分ぐらいかなどを聞いて、会場の雰囲気や自分の立ち位置を把握しておきます。もし何の情報もなく結婚式当日を迎えてしまうと、会場に入った瞬間、思ったよりたくさんの招待客がいて驚くこともあります。

人は、想定外の事態に直面すると、緊張が高まるものです。これだけであがってしまい、うまく話せなくなることもあるのです。

そこで、事前にできるだけ詳細な情報を教えてもらうのです。その情報をもとに、招待客が30人なら30人、１００人なら１００人を想定してイメージトレーニングしておくと、本番で緊張することはありません。

テレビに出るときも、あらかじめ出演番組について調べます。知らない番組に出演するときは、事前に録画して、誰が出て、どんな雰囲気なのかをチェックします。そのときは「これに自分が出るのか。ありえない……」と不安になります（笑）。でも、明確なイメージを持って臨むと、本番で緊張することはまったくありません。

イメージトレーニングだけでは不安な人は、実際にリハーサルをしてみるときっと落ち着きますよ。本番のつもりで、実際に時間を計ってしゃべってみるのです。すると、思ったより時間がかかっていることに気づきます。「長すぎるから、ここはカットしよう」といった調整も事前にできます。

そこまでやれば、本番では余裕をもつことができます。ほかの人を見て「あの人は緊張しているな」といったことも見えてきます。そうなれば安心です。準備をした自分に自信が出て、余裕をもってしゃべれるようになりますよ。

第6章

とっさの反論にも対応できる！

「瀬戸際」に強くなる交渉術

ここまで、相手に言いくるめられないための対処法、自分の意見を相手にきちんと届けるための伝え方、そして万全の状態で本番に臨むための準備についてお話ししてきました。これらの内容をしっかり実践すれば、おおよその事態には対応できるはずです。でも、相手も人間です。それでも「不測の事態」が起こる可能性は残ります。

そこで、最終章であるここでは、

「もしも、想定外の質問をされて答えにつまったら」
「もしも、相手がロジックの弱点である痛いところを突いてきたら」
「もしも、相手を感情的にしてしまったら」

など、逆境や瀬戸際でも踏ん張るためのテクニックや考え方をお伝えします。

この章の内容を身に付ければ、1％しか起こりえないようなまさかの事態にもきっと対応できるようになるはずですよ。

想定外の質問への「うまい切り返し」「やってはいけない受け答え」

前章で事前に相手から投げかけられるであろう疑問を想定しておくことの重要性をお話ししました。ただ、想定は完全とはいきません。ときには想定しなかった突拍子《とっぴょうし》もない質問が出てくることもあります。

しかし、そんなときは、無理に答えようとする必要はありません。**「貴重なご意見なので、持ち帰って、次回までに検討いたします」といったん保留にすればいい**のです。保留にしたからといって、周囲から「おいおい、いい加減な対応をするなよ」ととがめられることはないはずです。

なぜなら、突拍子もない質問というのは、データを用意しないと答えられない細かな質問だったり、専門的な知識を必要とするものであることが多いからです。持ち帰ったとしても、出席者は「仕方のないこと」だと認めるものです。

逆に**まずいのは、無理に答えてしまうこと**です。無理に答えようとすると、矛盾したことを言ったり、争点にしたくないポイントを口にしてしまうことがあります。これを言質に取られると、相手のペースに巻き込まれる危険がでてきます。

裁判の世界でも、裁判長からいきなり、想定外の質問をされることがあります。想定していた質問には対応できますが、想定していない質問には無理をして答えることはしません。無理に答えた場合、その発言が裁判の記録にとられる可能性があります。ここで失言をしてしまうと、判決文で引用されることがあり、とても危険なのです。

ですから、答えられない質問への即答はせず、「その点については、確認をして次回書面で提出します」といったん持ち帰ります。

もし、勢いで答えてしまった場合でも、答えた後で、「でも、まだきちんと検討できていませんので、次回明らかにします」と断りを入れます。最終回答ではないことを伝えることが大事です。

あげ足を取られてしまう〝逆〟キラーワード

自分の意見を述べたり、相手の質問に答えたりしているとき、あげ足を取られやすい言葉があります。

それは、**「だったと思います」や「確か、そうだったと記憶していますが……」といった曖昧な言葉**です。

このような言葉が出てくると、議論に強い相手は、「ここは十分な調べができていないな」「論拠が弱そうだ」と、そこを弱点と見なし、攻めてくるでしょう。そして、そこからあげ足を取られて、相手のペースに巻き込まれてしまう危険もあります。

ビジネスの場で話をするときは、基本的に「だったと思います」「確か」といった言葉は使わないほうが得策です。「だったと思います」という言葉を使うのは、自分の考えがまとまっていないということです。不確かな内容で相手を説得しようとすれば、いい加減な人だと思われてしまいます。

あやふやなところがあり、自分でも確信がもてないから「だったと思います」というような曖昧な表現になるのです。議論に強い人は、曖昧な言葉を見逃してはくれません。

でも、予想していなかった質問をされたり、相手にペースを握られそうになると、つい「だったと思います」と言いそうになることもあるでしょう。

そんなときは、いったん言葉を切って、「この点については、あとで調べてご説明します」と保留にすればよいのです。

だれでも、すべてのことを知っているわけではありません。できる人でも、調査しきれていないことがあるのは、仕事では当然あります。「それは、おかしい」と責めてくる人はいません。

痛いところを突かれたときの一時しのぎのコツ

提案する計画や意見の中には、弱点もあるでしょう。その弱点を相手に突かれると、しまったという思いがこみあげてくるかもしれません。

「痛いところを突かれた」と思うと、話がしどろもどろになって、相手にやりこめられることにもなります。相手に攻撃され、言い返せないでいるうちに、言いくるめられてしまうこともあるでしょう。

そうならないために重要なのは、**痛いところを突かれても、態度を変えないことです。**こうした態度を相手に示すために、便利な言葉があります。それは、「確かにそうですね」という言葉です。この一言だけで、ピンチをやり過ごしてしまうこともできます。

相手が何か指摘してくるときは、探りを入れている場合も少なくありません。「この質問には、どう答えるだろう。もしかしたら急所かもしれない」といった思惑で指摘をしてくるものです。

もし、そこが実際に弱点だったとしても、「確かにそうですね」と言って、こちらが平然としていれば、相手は「そこは痛いところではないのだ」と勝手に思い、引き下るでしょう。不思議ですよね。でもそれは、「この指摘に落ち着いていられるのは、隠し玉を持っているからだろう。ここは触らないほうがいいな」と思ってくれるからです。

最もよくないのは、無理に取りつくろって弁解することです。うそをついている刑事裁判の被告人ではありませんが、弁解は、聞いている人には、しらじらしくうつるものです。弁解すると、自分では思いもよらぬ脇の甘い言葉が出てきかねません。これでは、議論を相手に支配されかねません。

すべての場面でうまくいくとは限りませんが、「確かにそうですね」と堂々と受け止めることは、逆転のチャンスにもなるのです。

苦しいときの最大の武器は「沈黙」?

相手の質問で痛いところを突かれたときに、相手のペースにはまらないための、高度なテクニックがあります。それは、沈黙してしまうことです。「うーん。そうですねえ……」と言ったあと、黙りこんでしまうのです。

確かに、うつむいて黙ったのでは、「負け」を認めているかのように見えるかもしれません。けれども**落ち着いた態度で黙ってしまうと、相手は「この人、何を考えているのだろう」と戸惑います。**力関係によっては、相手が弱気になることすらあります。沈黙を続けているうちに、場の空気が変わっていくのです。

多くの人は、「沈黙＝悪」と考えがちです。黙っていることは、許されないことだと思っています。だから質問に対して即答しようとするのですが、決してそんなことはありません。考えるには、沈黙の時間も必要です。そして、人それぞれ考えるスピードがあるのですから、ゆっくり考える人は、ゆっくり考えればいいのです。

その一方で、相手のほうは勝手にあれこれ考えてくれます。「これだけ沈黙しているのだから、深い考えを巡らせているに違いない」「この人はデキる人なのかも」などと思ってくれるのです。たとえ、沈黙した当人が何も考えていなくても、相手のほうは沈黙に意味づけしようとして、あれこれ解釈します。あるいは、「質問が悪かったかな」「むずかしい質問をしてしまったようだ」と相手が内心、反省することもあるかもしれません。

実際、上司の沈黙に動揺した経験はありませんか？　部下は上司が黙り込むと不安になり、次に何を言われるのかと恐れさえ抱きます。それは沈黙によって部下を完全に支配する上司のテクニックかもしれません。

沈黙を効果的に使う弁護士もいます。以前一緒に仕事をさせていただいた著名な弁護士の方は、3分くらい黙ることがありました。このとき、この沈黙した弁護士を「できない人」とは見なす人はいません。逆に、「次に何を言うのか」と恐れさえするものです。沈黙によって周りに緊張感が高まり、自然とそのペースに引き込んでしまうのですから、不思議だなと思いました。

沈黙は場の空気を変え、相手のペースを乱し、譲歩を引き出す切り札にもなるのです。

厳しい条件を提示するときは「代弁」してもらう

交渉では、厳しい条件を提示しなければならないことも、少なくないでしょう。これまでよりも低い条件だったり、相手のプライドを傷つけそうな条件だったりすると、面と向かって言うには気後れするかもしれません。

特に、言わなければならない条件が２つも３つもあるときです。１つの条件を言うだけで気後れするのに、２つも３つも続けて言わねばならないとなったら、心理的負担は重くなるでしょう。

あれもこれもと厳しい条件を次々と突きつけたのでは、相手が怒って交渉にならない。そう思うこともあるでしょう。だからといって条件を曖昧に伝えるのは、誤解のもとです。厳しい条件こそ、きちんと伝えなくてはビジネスは成立しません。

こんな気後れしそうな条件を提示するときでも、しっかりと自分の意見を提示できるコツがあります。それは、**直接口で言うのではなく、「紙」に代弁してもらう**のです。

直接、相手と会う場合なら、見積書や条件内容を紙に記し、その紙を相手に渡しましょう。そのうえで「こちらの案なのですけど、ご覧いただけますか」と言って、説明していけばいいのです。これなら、自分にかかる心理的負担は軽減できます。こちらが面と向かって厳しい条件を言い出す必要はなくなります。「紙が相手に言っているだけで、自分は説明役」と思うことで心理的余裕も生まれるからです。

さらには、紙には全部が書いてありますから、内容は正確に伝わります。3つある条件のうち1つは口頭で伝え、残りは「こちらをご覧いただけますか」と紙に言ってもらうのもいいでしょう（笑）。直接、会わなくてもいい場合は、メールを使う方法もあります。電話では証拠が残らず、あとで「言った」「言わない」のトラブルも生じやすいですが、この点メールは記録に残ります。

いったん紙を使えば、その後の交渉も紙でやりやすくなります。「この前ご提示いただきました案について、検討いたしました。こちらを御覧下さい」と紙を渡すのです。正確な情報伝達ができるので、お互いにとってむしろ好ましい、率直な話し合いができるでしょう。

一方的にまくしたてられたときはどうするか？

交渉の場で、相手に一方的にまくしたてられた経験はないでしょうか。相手に一方的にまくしたてられていると、相手のペースにはまったような気にもなりがちです。どこかで話を遮《さえぎ》り、こちらの言い分を伝えないとまずいという気にもなりますが、ここはじっくり構えたほうが得策です。

この場合、**相手にしゃべらせておけばいい**のです。

このとき、真剣に聞く必要はありません。「ああ、始まった」「何か、しゃべっているなあ」という感じで聞けばいいのです。

まくしたてているうちは、相手は冷静さを失っています。自分の主張に感情的になっていますから、その感情を害さないことです。ひと通りまくしたてて、相手の気がすめば、そこから真の話し合いが始まると思えばいいのです。

相手がまくしたてている間は、こちらが考えを深めるのにいい時間です。「この人は、なぜまくしたてているのだろうか」「何が不満なのか」相手の様子を観察しながら考えてみましょう。相手の意図がわかってくれば、対応策も浮かび、余裕を持って相手に接することができます。

また、まくしたてている相手の言葉のなかから、弱点が見えてくることもあります。まくしたてている人には、たいてい余裕がないので、つい言わなくてもいいことまで言ってしまうものだからです。

相手の情報をたくさん手に入れる機会にもなります。相手の興奮がおさまるころには、こちらがペースを握る材料が整っているかもしれません。一方的にまくしたてられると、ピンチに陥ったように見えますが、**冷静に対応することによってピンチはチャンスに変わるのです。**

感情的になってしまっている人のなだめ方

お客さまやクライアントから苦情を受けたことがあるでしょうか？

苦情にはしっかり耳を傾け、対応しなければなりませんが、ときに感情的になってしまうお客さまやクライアントもいます。感情的になりすぎ、一時的にクレーマーのようになってしまう人もいます。

「そんな話は聞いたことがない。話が違うじゃないか！」「お宅の会社はクライアントを疑ってかかるのか！」などと感情的な言い方をされると、対応に苦労しますよね。感情的になったお客さまやクライアントに主導権を奪われ、相手の言いなりになってしまう人もいるかもしれません。

相手に冷静さを取り戻してもらおうと、正論を述べる人もいるでしょう。「うちの社では」と、原則を話す人もいるでしょう。「それは間違っています」と相手の非を指摘する人もいるかもしれません。しかし、それらはすべてよくない対応です。こちらが何か言おうものなら、相手はますます感情的になるからです。収拾がつかなくなります。

感情的になっている人には、まずは「聞く」という姿勢に徹することです。機械的な「マニュアル対応」をするのではなく、相手を自分の恋人や子どものような親しい人と思って、相手の言い分をともかく受け止めることが重要です。

感情的になっているお客さまとは、信頼関係が築けていない可能性があります。相手は「自分は拒絶されている」という考えに支配されており、拒絶されたことへの怒りから、ますます感情的になっていくのです。そこへ理性的な意見を言っても、耳に入らないばかりか、ますます拒絶感を強く抱かせるだけです。

こうした相手に必要なのは、受け止めようとしている姿勢を示すことです。まずは、相手の言いたいことを言わせてあげる。相手の話を正面から聞き、相手の質問にきちんと答えていく。そうすれば「この人は聞いてくれている」と思ってもらえます。

そうなれば、相手の拒絶感はしだいになくなり、感情的な怒りもおさまってくるでしょう。じっくりと話を聞いてあげれば、「まあ、あなたが悪いわけじゃないんだけどね」と、お客さまも落ち着いて、自分の間違いに気づくことも少なくありません。

「謝罪」に乗じて言い分をのまされないための挽回法

提出した部品に欠陥があった、納期に少し遅れた。こういった不手際があった場合は、何はともあれ謝罪をしなければなりませんよね。そんなときでも、どうしても相手に苦しい提案をしなければいけないときがあるでしょう。

ここで気をつけなければいけないのは、謝罪中についお願いを入れてしまうことです。「こちらのミスで作業が遅れてしまい、本当に申し訳ないとは思っています。ですが、どうしても当初のスケジュール通りに進行していただかなければ、スケジュールが大幅に遅れてしまいます。もちろん2〜3日は納期を後ろにずらしますが、どうにか1週間で仕上げていただけないでしょうか」。こんなことを言おうものなら、相手は「本当に謝る気があるのか」とこちらの誠意を疑うでしょう。まったくの逆効果ですね。

謝罪と取引上のお願いは、まったく別の話です。この2つは分けて考えなくてはなりません。こちらに落ち度があった場合は、まずは誠心誠意謝罪を尽くす。それしかないのです。

相手が「仕方ないですね」「もうすんだことだから、いいですよ」と言ってくれたら、そこからビジネスの話に移ればいいのです。

こちらの謝罪の意思が相手に十分に伝わったら、そこで今回の不手際の話は終わりになります。相手も、謝ってくれた相手を責めてばかりでは気の毒と思い、聞く耳を持とうという気になってくれるかもしれません。ビジネスでの挽回は、そこから始めればいいのです。

相手もトラブルや不手際は避けたいという思いがありますから、それを避けるための提案には耳を傾けてくれやすいはずです。つまり、謝罪のあとは、逆にお願いを聞いてもらえるチャンスと考えることもできるのです。

もちろん、そのためには十分謝罪して、叱責《しっせき》や小言もすべて受け入れてからというのが前提であることを、忘れてはなりません。

自分に都合の悪いポイントが争点になりそうなときは

議論を進めていく中で、自分に都合の悪いポイントが争点になることがあります。そんなとき、別の争点にずらしていくには、どうすればいいでしょうか?

それは、「話が複雑になってきましたので、ここでいったん議論を整理してみませんか」と自らまとめ役になり、自分に不利な争点、好ましくない争点を、さりげなく外していくことです。

議論をするからには、自分にとっての目的があるはずです。自分の意見を通したいときもあるでしょう。あるいは、自分にとって不利な決定は避けたいと思って参加することもあるかもしれません。ときには、自分の不利益をあえて了承することも必要な場面もあるでしょう。でも、そうでない場合、自分が納得できる結論に持っていくために争点を選択していくのは、なんらやましいことではありません。

争点を絞るのは、裁判の世界では当然のことです。原告側は自分に有利に争点を設定します。被告側も同じです。やはり自分に有利に争点を設定します。裁判の行く末は、争点がどこに置かれるかによって決まると言っても過言ではありません。

たとえば、争点を整理していくと、3つの争点が残りそうだとしましょう。このうち2つは自分にとって好ましい争点である一方、もう1つは触れられたくない争点であった場合、触れられたくない争点が脚光を浴びないように、上手に進めていきます。「今日の論点は、この2つに絞られたようです。この2つについて結論を出しましょう」とまとめてしまえば、自分に有利な流れをつくることができます。

ときには、「もう1つ論点があったはずだが」と言いだす人もいるでしょう。そのときは争点を3つにするしかないです。でも、会議の参加者は会議の終盤になれば、たいてい早く結論を出してほしいと思っています。争点を1つくらい外しても、「まあ、いいか」くらいに流してしまいがちです。自分に不利な流れでない限り、争点についてとやかく言う人はそういないからです。

争点を絞っていく段階では、その後の流れも予想していきます。たとえば、新しい作業用機械の導入にあたっての議論が行われているとしましょう。値段をどのくらいに設定するか、最新のものにするか、大型にするか小型にするか、使いやすさ優先にするか、能率優先にするか、費用対効果重視にするかなどと議論はわかれます。ここで、議論を整理していくとき、能率優先に絞りたいなら、そこからどんな結論が出るか予測してみるのです。「能率優先なら、おそらく値段はそれなりに高くなるだろう」「そうすると、節約派からは反対が出るはずだ」「では、彼らを説得するにはどうすればいいか」といった予測ができるはずです。ここで紛糾しそうなら、議論の的を費用対効果重視に切り替えていく方法もあります。あるいは、もともと大枠の予算があるなら、「予算ぎりぎりで、最も能率的な機械にしましょう」という結論だって予測できるでしょう。

こうして予測をしていくことで、自分にとって都合のよくない争点がわかります。それをさりげなく外していくのです。そうすれば、結論は、自然と自分の目指したものに落ち着くでしょう。

おわりに――「あの人」に近づくために

これまで述べてきたように、コミュニケーションに長《た》け、交渉に強くなるためには、「言いくるめられるパターンを知る」「正しく伝える」「適切な準備を重ねる」「不測の事態に備える」など、さまざまなことを身につけなければなりません。

しかし、必ずしもすべてがうまくいくわけではありません。むしろ積極的にがんばろうとしている人ほど、最初のうちは「ここもダメだった。あそこもダメだった」と反省点も多く感じることでしょう。

でもそれは学ぼうという姿勢だからこそわかる、「今の自分に足りないもの」です。つまり、チャレンジしようとしなければ気づきもしなかった課題が見えてきたということです。悲観的に捉える必要はありません。

わたしの場合、**何か新しい技術を身につけようとするときは、「今日はこれを試そう」と1つ課題を設け、本番に臨む**ようにしていました。

たとえば「今日は身振り手振りを使ってみよう」と決めて、やってみるのです。恥ずかしいと思っていたけれど、やってみたら意外に普通にできた、ということもあります。

相手の反応も、全然ふつうだった。「恥ずかしい」と思っていたことが、じつは「食わず嫌い」だったことがわかります。こうして、1つ課題を克服できたことになります。

あるいは、「今日の会議ではホワイトボードを使ってみよう」と決めて、使ってみる。いざやろうとしたら、インクがうまく出ず、逆にあせってしまったなんてこともあります。ならば次回は「事前にインクの出具合をチェックしておく」ことを課題にすればいいのです。

そして次回、きちんと書けた。「わかりやすかった」と喜んでもらえた。これで「ホワイトボードを使う」という技術に対する苦手意識も、払拭されます。

大事なプレゼンといった大舞台でなくても、上司に報告するとき、「今日は結論から言ってみよう」「黙ってみよう」などと課題をつくる。部下の報告を聞くとき、自分はできるだけ話さず、相手に話をさせるようにする。その反応を見て、うまくいったと思えば、それを自分の武器にしていけばいいのです。

最初はぎこちなくても、くり返していくうちに、自然にできるようになります。

本書で挙げた内容をいろいろ試していくうちに、使える武器が増えていくでしょう。あらゆる場が自分の成長の場になり、蓄積がどんどん増えていきます。

そして、気がつくと、かつて自分が憧れていた「あの人」と、いまの自分の姿が重なっている。そんな日が来るはずです。

青春新書
INTELLIGENCE

こころ涌き立つ「知」の冒険

いまを生きる

"青春新書"は昭和三一年に――若い日に常にあなたの心の友として、その糧となり実になる多様な知恵が、生きる指標として勇気と力になり、すぐに役立つ――をモットーに創刊された。

そして昭和三八年、新しい時代の気運の中で、新書"プレイブックス"にその役目のバトンを渡した。「人生を自由自在に活動《プレイ》する」のキャッチコピーのもと――すべてのうっ積を吹きとばし、自由闊達な活動力を培養し、勇気と自信を生み出す最も楽しいシリーズ――となった。

いまや、私たちはバブル経済崩壊後の混沌とした価値観のただ中にいる。その価値観は常に未曾有の変貌を見せ、社会は少子高齢化し、地球規模の環境問題等は解決の兆しを見せない。私たちはあらゆる不安と懐疑に対峙している。

本シリーズ"青春新書インテリジェンス"はまさに、この時代の欲求によってプレイブックスから分化・刊行された。それは即ち、「心の中に自らの青春の輝きを失わない旺盛な知力、活力への欲求」に他ならない。応えるべきキャッチコピーは「こころ涌き立つ"知"の冒険」である。

予測のつかない時代にあって、一人ひとりの足元を照らし出すシリーズでありたいと願う。青春出版社は本年創業五〇周年を迎えた。これはひとえに長年に亘る多くの読者の熱いご支持の賜物である。社員一同深く感謝し、より一層世の中に希望と勇気の明るい光を放つ書籍を出版すべく、鋭意志すものである。

平成一七年　　刊行者　小澤源太郎

著者紹介

木山泰嗣〈きやま ひろつぐ〉

弁護士、青山学院大学法科大学院客員教授。1974年生まれ。上智大学法学部法律学科卒業。税務訴訟および税務に関する法律問題を専門としており、主に国税を相手に数々の勝訴をおさめる。また、本業のかたわら、弁護士としての豊富な経験を活かし、「むずかしいことをわかりやすく」をモットーに、法律の入門書やビジネス書など幅広い執筆活動を行っている。主な著書に『弁護士だけが知っている反論する技術』(ディスカヴァー・トゥエンティワン)、『弁護士が教える分かりやすい「民法」の授業』(光文社)などがある(本書で単著の合計は37冊)。

なぜ、あの人《ひと》が話《はな》すと意見《いけん》が通《とお》るのか　青春新書 INTELLIGENCE

2015年2月15日　第1刷

著者　木《き》山《やま》泰《ひろ》嗣《つぐ》

発行者　小澤源太郎

責任編集　株式会社プライム涌光

電話　編集部　03(3203)2850

発行所　東京都新宿区若松町12番1号 〒162-0056　株式会社青春出版社

電話　営業部　03(3207)1916　振替番号　00190-7-98602

印刷・中央精版印刷　製本・ナショナル製本

ISBN978-4-413-04446-2